Albrecht Goes
Dunkle Tür, angelehnt

Albrecht Goes

Dunkle Tür, angelehnt

Gedanken an der Grenze des Lebens

Eschbach

Die Deutsche Bibliothek – CIP Einheitsaufnahme

Goes, Albrecht:
Dunkle Tür, angelehnt:
Gedanken an der Grenze des Lebens / Albrecht Goes. –
Eschbach/Markgräflerland: Verlag am Eschbach, 1997
ISBN 3-88671-172-2

Im Alten Rathaus / Hauptstr. 37
D-79427 Eschbach / Markgräflerland

Konzeption und Textauswahl: Oliver Kohler, Mainz
Schutzumschlag nach einem Entwurf von
Neuffer-Design, Freiburg i. Br.
Umschlagbild: „Abend im Zimmer"
von Karl Schmidt-Rottluff, 1935;
Öl auf Leinwand, 112 × 76 cm,
Museum Wiesbaden, Inv.-Nr. M 1062, © VG Bild/Kunst, Bonn, 1996
Portraitfoto: Oliver Kohler, Mainz
Text Seite 7, aus: Thornton Wilder, Die Brücke von San Luis Rey,
S. Fischer Verlag GmbH, Frankfurt am Main 1951
Reproduktion: Fa. Pensky, Karlsruhe
Satz: Der Uebel, Sulzburg
Druck: B&K Offsetdruck GmbH, Ottersweier
Verarbeitung:
Großbuchbinderei Josef Spinner, Ottersweier

Inhalt

Doch noch während sie sprach, gingen der Äbtissin andere Gedanken durch den Sinn. „Schon jetzt", so dachte sie, „erinnert sich fast niemand mehr Estebans und Pepitas, als nur ich. Camila allein gedenkt ihres Onkel Pio und ihres Sohnes; diese Frau ihrer Mutter. Bald aber werden wir alle sterben, und alles Angedenken jener fünf wird dann von der Erde geschwunden sein, und wir selbst werden für eine kleine Weile geliebt und dann vergessen werden. Doch die Liebe wird genug gewesen sein; alle diese Regungen von Liebe kehren zurück zu der einen, die sie entstehen ließ. Nicht einmal der Erinnerung bedarf die Liebe. Da ist ein Land der Lebenden und ein Land der Toten, und die Brücke zwischen ihnen ist die Liebe – das einzige Bleibende, der einzige Sinn."

Thornton Wilder,
Die Brücke von San Luis Rey

I

Leere Menschenhand

Erfahrungen mit dem Kranksein

Zuweilen bewegt mich die Vorstellung, der Mensch sei in seinem besten Teil ein Gruß; nicht mehr, nicht weniger. Ein Gruß: das ist alles Nochnicht, Mose *vor* seinem Land, aber doch: ein Fingerzeig, ein Hinweis, eine – kaum noch verschlüsselte – Botschaft. Die Zahl der Grußworte ist nicht gering, und einem jeden ist eines, das seine eingestiftet. Mag er's erkennen: „Höre!", und „Friede", und „Wachet", und „Sei getrost", und „Was ist der Mensch?"

Wie – wird es da Fragen geben, ob wir das unsre kennen, ob wir das unsre verwirklichen? „Die Frage der Fragen" sei dies, sagt Martin Buber in einer der chassidischen Geschichten. „Vor dem Ende sprach Rabbi Sussja: In der kommenden Welt wird man mich nicht fragen: ‚Warum bist du nicht Moses gewesen?' Man wird mich fragen: ‚Warum bist du nicht Sussja gewesen?'"

Drei Fieber

In der Ukraine

Sie sind an sich ein stabiler Zeitgenosse, Pastor, und in Ihrer Malariastube wird keine Trübsal geblasen, soweit gut. Was mir aber nicht gefällt, ist Ihre Fieberkurve. Dieses hartnäckige 38,2, das Sie so schlapp macht. Ich kann Sie nicht gut aufstehen lassen, und man weiß ja nicht einmal, ob es bei Ihnen eine wirkliche Malaria war. Ihr Fieber ist, das muß man sagen, verkorkst und verstockt. Dr. Becker hat Ihnen in vier Tagen sieben Zähne gezogen, ein rechter Doktor Eisenbart; wir anderen Leibschneider gehen nicht so mit Euch um."

Das war die Rede, die damals – es sind nun fünfzig Jahre her – mein Chefarzt gehalten hatte, und fünfzig Jahre sind ja viel Zeit. Ich weiß viele Einzelheiten nicht mehr; das Wundfieber im Gehege der Zähne klang mit der Zeit ab, man gab mich der Menschheit zurück; und wunderlicherweise schlief die ganze Fieberei ein; was zurückblieb, war eine Allergie gegenüber chininhaltigem Tonic-Water. Nun, der Verzicht auf derlei Sprudel fiel mir leicht.

Wandlungen

Beim zweiten Fieber war alles anders; ich war gut dreißig Jahre älter und war ein braver Zivilist. Der Schüttelfrost meldete sich am frühen Abend, die Temperatur erlaubte keinen Zweifel, ob man ins Bett gehöre: sie war bei 39 und bald bei 40 Grad.

Merkwürdig waren zwei Begleitumstände: daß ich mich eigentlich nicht unwohl fühlte und daß ich am Ende des zweiten Tages fast fieberfrei war. Nach ein paar Tagen kam die glühende Welle wieder zurück, und so blieb es im Aufundab durch fünf, sechs Wochen. Die Fieberkurve sah aus wie eine Landkarte von den Dolomiten: wildgezackte Abendgipfel und freundliche Zwischentäler wechselten in rätselhafter Folge. Das Wort „Streptokokken" wurde gefunden, aber es war ein Wort und nicht viel mehr. Der hilfreiche Hausarzt gab die Antibiotika, die es in der Ukraine so noch nicht gegeben hatte. Ich war in einem Schwebezustand, krank und überwach zugleich. Am fieberfreien Tag stand ich auf, ging an meine Schreibereien und war nicht sonderlich unglücklich. Einmal stand eine Vorlesung in Regensburg auf meinem Termin-Kalender: warum sollte ich nicht nach Regensburg fahren? Freilich war ich nicht der Herr meiner Stunden, der Fieberüberfall kündigte sich nicht an; und so mußte ich dann damals als ein Zitterer an mein Pult. Ich las wie im Traum. Als es ans Signieren ging, konnte ich den Schreibstift nicht mehr recht halten: „wie bei Kaiser Wilhelm auf dem Totenbett" sieht diese Unterschrift aus ... Ich hatte Glück im Unglück: unter den Besuchern, die ihre Bücher vorlegten, war ein Arzt. „Sie haben furios gelesen", sagte er, „allen Respekt, aber jetzt ist es wirklich genug. Packen Sie Ihre Papiere zusammen, ich führe Sie in Ihr Hotel." Unterwegs gab es ein kleines Gespräch: „Hatten Sie in den letzten Wochen einmal Zahnschmerzen?" „Zahnschmerzen, nein." „Nun, das sagt noch nicht viel. Es gibt da eine Krankheit, die wir Granilo heißen. ‚Endokarditis' ist auch ein schönes Fremdwort. Gehen Sie morgen zum Zahnarzt und lassen Sie die Landschaft überprüfen."

Mir fiel, aus der alten Ukraine, mein Doktor Becker ein, der Eisenbart von 1942, und siehe da, der freundliche

Regensburger Doktor hatte richtig diagnostiziert. Ein Zahnbösewicht wurde gefunden, wurde entfernt, und nach einer stillen Woche gab es keine Dolomitenzacken mehr. Was es noch gab, war Müdigkeit, übermächtige Müdigkeit. Shakespeares Lobgesang auf den Schlaf wurde mein täglicher, was sage ich, mein stündlicher Begleiter und „der zweite Gang im Gastmahl der Natur“, sagte ich, ich sagte es unsäglich dankbar, und sagte „das nährendste Gericht beim Fest des Lebens“. Das Fieber, die Abendglut, kehrte nicht zurück. Es gab, freundliches Wunder, Jahre der Fieberpause.

Die dritte Attacke

Die dritte Attacke setzte ohne Vorwarnung ein, aber diesmal waren die Begleitumstände freundlicher als vor Jahr und Tag. Der treue Hausarzt war bald zur Stelle, und die Medikamente taten ihr gutes Werk. Freilich: die beiden Achter in meinen Lebensziffern waren nicht zu übersehen. Es war das erstemal in meinem Leben, daß ich mich verdüsternd krank fühlte. Herz und Lunge und das ganze Leibgehäuse waren in Mitleidenschaft gezogen. Man rief in dem berühmten Hospital an, und als ich hinkam, steckte man mich ohne Verzögerung auf die Intensivstation. Dort ging man mit allen Mitteln auf das Fieber und alle anderen Verstörungen los. Es gab den Siegeszug der Laborarbeiter, den es in der alten Ukraine noch nicht so geben konnte. Es gab das „cito“, „citissime“ vom Jahrtausendende, und als mich der Professor bei der dritten Visite betrachtete, war ihm mein Fieberblatt nur noch ein Kopfnicken wert: „Es ist gut“, sagte er, „Sie sind ja ein écrivain, schreiben Sie ein Wort über das Fieber.“

Nun also: ein Wort über das Fieber. Daß es eine Störung ist, die unfroh stimmen wird, hatte ich früh erfahren und die glühenden Stunden, die zwanzig Jahre zurücklagen, waren unvergessen. Das Fieber als Feuer, als Gefahr, als Rätsel: das war in den Wochen der Dolomitenkurven mein Teil geworden. Aber auch ganz andere Erfahrungen blieben im Bewußtsein lebendig. Fieber als ein wildes Lebensspiel, als Weckruf, als Steigerung, als überwaches Wagnis – das muß gelten.

„Zuweilen fieberhaft", werde ich in Ihr Attest schreiben", sagte der Arzt bei der Abschiedsvisite. „Damit ist einiges gesagt, was nicht aufs Krankenblatt gehört: daß Sie es nicht mit der Gemütlichkeit, nicht mit dem Biedermannssinn halten, nicht mit der Herzenssparsamkeit. Und: daß es die Wohltat der Gifte gibt. Und: daß es – auch für Sie – für eine kleine Weile nun doch noch, mit der Heilung zu tun hat: Daß das Kind des Lebens und der Liebe auch in den Fiebernächten nicht losgelassen wird. Das sollen Sie wissen. Fragen Sie: Genug? Antworten Sie: genug."

Geschrieben im Oktober 1996

In schlafloser Nacht

Es ist schlimm, die Viertelstunden in der Nacht eine um die andere schlagen zu hören, ich weiß. Die ersten: da sind noch die Geräusche des Abends lebendig und die der Vornacht. Da ist das Bellen des Hundes, der aufbegehrt, wenn ein Fremder vorübergeht. Die Kühe im Stall, die sich regen. Das Lied, das vom Wirtshaus herdringt. Und der feuchte Spätherbstwind in den Tannen. Vielleicht aber sind es auch andere Geräusche, ganz andere. Die Straßenbahnen, die Spätwagen der Straßenbahn, und du kennst sie von so vielen schlaflosen Abendstunden her, alle. Dies ist die vorletzte, denkst du. Und nun die letzte. Dann ist Mitternacht. Sie schlafen jetzt, die Menschen im Dorf, und selbst in der unruhigen Stadt, allmählich lassen sie dich allein mit dem schwarzen Fensterkreuz in deinem Zimmer. Die Nacht regiert. Früchte fallen, die letzten schon, denn die Ernte ist vorbei. Ein gutes Geräusch ist das – aber ist es nicht auch ein banges Geräusch? „So weit im Leben ist so nah am Tod“: woher kommt dir diese Zeile in den Sinn? Hebbel, richtig: aus Hebbels Herbstgedicht. „So weit im Leben –“: ja, das mag einen wohl bange machen; aber es ist süß und reif zugleich, es ist gut.

Jetzt ist Stille. Auch der Wind hat sich gelegt. Die Stille ist wie ein großes Haus, und du bist mitten darin. Eingang und Ausgang – die weißt du nicht. Fast möchtest du dem Hahnenschrei danke sagen, der da unversehens zu dir kommt, ein einziger nur, noch lang, lang vor Tag. Die Turmuhr meldet sich: eins, zwei, drei – : dreiviertel – aber welches Dreiviertel? Wär es doch dreiviertel vier Uhr schon! O, es ist noch lange nicht Morgen.

Nur das Dunkel vor dem Fenster, es bleicht, ein wenig nur. Und wieder strömt Stille, unermeßliche – ins Unermeßliche.

Dann aber regt es sich im Haus, es ist Zeit, auf den ersten Zug zu gehen. Und nun: Geräusch an Geräusch gereiht. Und jetzt ist Tag. Du hast – wie es heißt – kein Auge zugetan; o doch, zugetan hast du sie oft, aber immer waren dann die Bilder des Lebens um dich, nicht im Schlaf und Traum, sondern das wache, das qualvolle Hier und Heut. Gleich werden deine Menschen wieder kommen, die freundlich Hilfreichen, sie werden sich erkundigen: wie war die Nacht? Einen höhnischen Bescheid kannst du nicht geben, einen zornigen auch nicht, und so weichst du aus und flüchtest ins Allgemeine, und wenn du Glück mit dir selbst hast, so machst du gute Miene zum bösen Spiel; aber es ist ein böses Spiel: mehr, es ist ein böser Ernst – und nur mit Grauen denkst du an das neue Dunkel, an die neue, die kommende, die schlaflose Nacht.

Ich bin nicht dein Arzt und nicht dein Apotheker. Den Schlaftrunk dir zu mischen, die weiße Tablette dir auf die Zunge zu legen, dergleichen erwartest du nicht von mir. Auch ist es nicht meines Amtes, dir gute Ratschläge darüber zu geben, wie denn nun etwa doch einzuschlafen sei. Nur das sollst du erwarten dürfen: daß ich mit dir umgehe, wie es sich geziemt, in der Wahrheit und in der Liebe; daß ich deine Last nicht kleiner achte, als sie ist, und doch auch größer nicht. Daß ich nicht rede, wie der Blinde von der Farbe redet, und daß ich doch auch nicht nur sage: Ertrags!

Laß es mich so stellen: da du denn nicht schläfst, und da es offenkundig ist, daß auf lange Viertelstunden, Stunden, wer weiß, an Schlaf nicht zu denken sein wird, nun: so wolle es denn so. Wolle wachen! Wolle einsehen, daß dir nichts

Unwertes ausgehändigt wird, da dir solche Nachtzeit anvertraut wird. Der vielgeschundene Leib der Erde, so magst du's denken, er schläft. Du aber bist wach, und die Atemzüge der Nächsten und der Fernsten dringen an dein Ohr. Laß es geschehen! Laß auch die Stimmen ein, die jetzt nach dir fragen, und wehre den Bildern nicht, die aufstehen aus der Finsternis rings um dich her.

Die Verse freilich, die ein Kundiger aus deinem Spital, die der Dichter Mörike geschrieben hat: „Es wühlet mein verstörter Sinn / Noch zwischen Zweifeln her und hin / Und schaffet Nachtgespenster", sie sprechen mit einer bitteren Genauigkeit deine Erfahrung aus. Ganz preisgegeben aber, ganz zum ruhelosen Schweifen verurteilt bist du nicht. Zwei Tore hat das Haus der Zeit: Vergangenheit und Zukunft. Vor dem Kommenden liegt die Decke – vor dem nächsten Monat, vor dem neuen Jahr, vor dem ärztlichen Eingriff, vor dem göttlichen Eingriff ... Und es ist wohlgetan so. Du aber begreif, daß es dir nicht geboten ist, jetzt in dieser Nacht im Krieg zu liegen mit allen Möglichkeiten deiner Zukunft, da du doch über keine von allen gebietest. So laß, wenn du dir selbst ein Freund sein willst, dies Tor verschlossen sein. Nun aber sieht dich Vergangenheit an. Ich kann dir nicht versprechen, daß es da nur heitere Gefilde, nur freundliche Wege gibt. Schluchten und Abgründe werden erscheinen, und ich riete dir schlecht, wenn ich sagte: Schließ die Augen davor! Nein, schließ sie nicht! Halte sie offen – aber wag's weiter, weiter zurück zu wandern; und *ein* Bereich wird kommen, in dem du gerne verweilst. Der Garten der Kindheit kommt, und es kommen die Augen der Mutter. Den Grasweg zum großen Birnbaum möchtest du finden – und was sang dir der Wind, hoch oben, im höchsten Ast? Knarren die Türen noch so vertraulich im alten Haus, und duftet's noch immer nach des Nachbars Honigwaben? Und wie ist es mit dem „bescheidenen Wünschlein“ aus den Versen Karl Spittelers: „Möchte wissen, wie die Glocke, / Die mich in den Schlaf gewöhnte, / Damals, ganz zuerst am Anfang, / Möchte wissen, wie sie tönte.“ Es wird dir in Erfüllung gehen, im Traum, denke ich, das bescheidene Wünschlein. Aber das Arge wird sich nicht vertreiben lassen: das ungute Wort, der böse Abschied, der leere Tag, die verletzte Freundschaft, die verratene Liebe. Ich sage nicht – wie dürfte ich's sagen? –: das zähle nicht. Ich weiß: das zählt. Aber nun könnten Worte da sein, Worte des Gebets, und sie wären wie ein Mantel, und sie deckten die Zeiten zu. Und wenn du nicht beten kannst, so wag' doch dies: wag's, die Namen der Menschen deines Weges, die alten und die neuen Namen, die guten und die bedrängenden, auszusprechen, ruhig und mit reinem Ernst, wie unter den offenen Himmel gebreitet –, so fällt der Tau des Lebens auf sie.

Mitteninne aber, zwischen dem Gestern und dem verborgenen Morgen hebt sich, Blüte auf schwankem Stengel, das Heute ins Licht. Und dieses Heute ist dein. Es ist dir gestattet – nein: du bist ermächtigt, heute ein wenig zur Güte zu leben, heute dem Gruß des Lebens zu danken. Strahlen kann dein müdes Angesicht wohl nicht nach schlafloser Nacht; so ist es denn auch nicht verlangt, zu strahlen. Aber auch im Gedämpften sind wir einander gesellt zum Botendienst, und die Botschaft ist groß. Sie ist groß auch dort, wo sie nur flüchtigte Zeichen in die Luft schreibt: einen Gruß, ein Winken, ein Lächeln, die Schwingung eines Wortes nur. Wir können einander auf der Welt nicht viel Gutes tun. Aber einiges wenige ist möglich.

Vielleicht, daß zu dem wenigen auch der Klang einer Freundesstimme gehört, die dich auf deinem Lager erreicht. So gute Stimme wie „damals, ganz zuerst am Anfang“ kann es nicht mehr sein. Damals war es die Stimme der wunderbaren alten Frau, durch blaues Dunkel kam dir von ihr der innigste Singsang: „Schlaf, Herzenssöhnchen, mein Liebling bist du.“ Und: nie zu vergessen, die Zeile dann: – „Schlaf nur, ich wehre die Fliegen dir ab.“ Das singt dir nun niemand mehr. Aber immer noch kann die Wächterstimme über dir sein, die Bruderstimme. Immer noch möchte sie dem Argen wehren und das Wilde stillen, das Wogende glätten, das Lösende aber willkommen heißen. Sie ist nicht alt und nicht wunderbar, aber sie ist wissend, und treu ist sie auch.

In ein Krankenzimmer

Fürchtest du, sie würden kommen
Alle, um dein Lager stehen,
Die nicht schlafen können alle
In der weißen Winternacht?
Die Gekränkten und die Kranken,
Langverirrte, Vielversehrte,
Liebende und Liebverlaßne,
Kinder Lebens oder Tods?
Fürchtest du? Ach, daß du fürchtest!
Fürchte nicht – o glaub, es dürfen
Die Verstörten jetzt nicht stören
Dich und deinen lieben Schlaf.
Schau, ich werde an der Tür schon
Diesen Gästen dein begegnen,
Bitten werd ich, daß sie fortgehn,
Und sie kehren alle um.
Fürchtest du – du mußt nicht fürchten,
Einer sei zurückgeblieben
Unerbittlich. Es ist keiner,
Keiner hier als ich und du.
Einer noch. Der Schlaf. Der Müden
Bruder. Freund. Er naht – er streift dir
Jetzt die Stirne und die Augen
Jetzt und – schlafe, schlafe ein.

Wie in einer Muschel

Ich höre die Stille. Diese, die um mich ist, die Stille dieser Krankennacht, diese Stille ohne Uhrenschlag, ohne Jetzt und Später, ohne Heute und Morgen. Wo aber Heute und Morgen schweigen, da redet das Gestern und da redet das Langvorbei. Redet, und fragt: nach der stillsten Stille. War denn immer so wilde, so ungeduldige Zeit, so nichts als Fahr- und Jägerzeit? Nein. Einmal war stille Zeit. Mitten in der großen Stadt gab es die „Rauhen Berge", eine Sahara aus weißem, weichem märkischem Sand. Mittwoch nachmittags, wenn schulfrei war, kam die Spielzeit in den Rauhen Bergen. Wir gingen, die Großmutter und der Enkel, Hand in Hand, Schaufel und Spaten trage ich, und die Ahne trägt den farbigen Eimer, ich sehe ihn noch. Eine Burg wird gebaut, ein Tunnel, eine Brücke –, aber die Brücke stürzt ein. Die Großmutter ist nah. Sie hat ihre Strickarbeit bei sich. Jetzt sieht sie herüber und sieht mir zu. Es ist Juni, und kein Windhauch dringt in die Mulde zu uns herein. Es ist still.

Und seither war es nie mehr still? Doch. Damals, an dem Abend im Winterwald. Wir waren den Schluchtweg heraufgekommen, der Freund und ich, die riesigen Schwarzwaldtannen hielten Wacht; wer spricht unter hohen, schneeschweren Tannen? Einmal knickt ein dürrer Ast unter meinem Fuß. Einmal scheucht ein Reh über den Weg, und von der kleinen Bewegung wird die Schneelast eines Zweiges aufgestört. Mitten aber im Niederstürzen der weißen Last fühlen wir, was das ist: Stille. Der Freund ist lang schon tot; aber jetzt in dieser Stunde lebt er in mir, in meinem Herzschlag lebt sein Herzschlag mit.

Noch ein drittes Mal war Stille, und dies war die stillste Stunde. In der Morgenfrühe war es, und die Ravennabesucher schliefen noch. Ich hatte mir gestern abend schon den Weg gesucht, den Weg nach San Vitale, und hatte gleich auch das kleine niedere Bauwerk wahrgenommen, von dem auf der Karte zu lesen stand: Grabmal der Kaiserin Galla Placidia. Dorthin war ich unterwegs; ich wußte nicht, was auf mich wartete, aber ich erwartete: die Morgenfrühe aus der Welt des Heiligen Geistes. Und die empfing ich: in all den Mosaiken, im dunkelblauen Sterngewölb, in den Pflanzenornamenten an den Wänden, und in den Symbolgestalten ringsumher. Ich schließe die Augen, ich öffne sie von neuem. Ich sehe nichts einzelnes mehr, ich weiß nicht vieles mehr. Aber ich fühle: die stillste Stille.

Ravenna ist weit, und der Winterwald ist weit, und die „Rauhen Berge" sind längst schon überbaut. Aber auch hier, im Krankenzimmer der Nacht, ist Stille, und ich liege in ihr wie in einer Muschel, gut und geborgen. Der Tag, der nun heraufkommt, wird dahingehen, in Geduld und Ungeduld, und andere Tage gleich ihm. Auch der Arzt wird wieder kommen, und eines Tages wird er sagen: „Sie dürfen lesen", und an einem anderen Tag dann: „Sie dürfen aufstehen, für zwei Stunden zunächst einmal, sagen wir: über Mittag." Ich werde dann nicht aufbegehren, werde nicht sagen: „Schon?" Ich werde hurtig nach den Kleidern greifen. Aber ich werde auch diese Tage, die dann vergangen sein werden, nicht schelten. Die Tage, in denen ich, Fisch im gläsernen Haus, erfuhr, wie Stille tut. DieNarretei, die eilige, ist ein wenig wesenloser geworden, und das ist schön; ganz nah und wirklich aber ist die Kinderburg im Sand und die Schwarzwaldnacht und der Sternglanz auch aus der Kuppel, fern in Ravenna.

Leere Menschenhand

Und Jakob stand auf in der Nacht und nahm seine beiden Frauen und die beiden Mägde und seine elf Söhne und zog an die Furt des Jabbok, nahm sie und führte sie über das Wasser, so daß hinüberkam, was er hatte, und blieb allein zurück. Da rang ein Mann mit ihm, bis die Morgenröte anbrach. Und als er sah, daß er ihn nicht übermochte, schlug er ihn auf das Gelenk seiner Hüfte, und das Gelenk der Hüfte Jakobs wurde über dem Ringen mit ihm verrenkt. Und er sprach: Laß mich gehen, denn die Morgenröte bricht an. Aber Jakob antwortete: Ich lasse dich nicht, du segnest mich denn. Er sprach: Wie heißest du? Er antwortete: Jakob. Er sprach: Du sollst nicht mehr Jakob heißen, sondern Israel; denn du hast mit Gott und mit Menschen gekämpft und hast gewonnen. Und Jakob fragte ihn und sprach: Sage doch, wie heißest du? Er aber sprach: Warum fragst du, wie ich heiße? Und er segnete ihn daselbst. Und Jakob nannte die Stätte Pnuël; denn, sprach er, ich habe Gott von Angesicht gesehen, und doch wurde mein Leben gerettet. Und als er an Pnuël vorüberkam, ging ihm die Sonne auf; und er hinkte an seiner Hüfte.

1. Mose (Genesis) 32, 23-32

Und blieb allein." So lesen wir von dem Manne in der Nacht des Übergangs. Das Langerworbene, die Fülle, der sichtbare Segen, Frauen also und Kinder, Knechte und Mägde, Herde und Gerät, das alles wird hinübergeschickt auf das andere Ufer. Er aber bleibt allein. Der *Einsame* vor Gott. Nackt in der dröhnenden Nacht. Er stellt sich dieser Stunde. Er weiß: abzusagen ist der einschläfernden

Melodie, die es schon so sicher zu wissen glaubt, daß der Segen mit uns sei. Oder haben wir wirklich allezeit gut und streng gewußt, daß der Segen Gottes ein Geheimnis ist, nicht abzulesen, wie man Wasserstände abliest am Rhein? Wußten wir, daß einer als ein Glückskind alle Türen dieser Welt aufschließen und alle Schätze einheimsen kann, und doch ist der Segen nicht über ihm, und daß ein anderer in der Flüchtlingsbaracke liegt, krebskrank und menschenverlassen, aber nun doch nicht, wie der Unmut denkt, an einem „gottverlassenen" Platze: das eben nicht, sondern „schwer von Segen", anders noch als die Juliflur, ganz im Einklang, ganz im Frieden Gottes? Achtet darauf, wie dieser Einsame vor Gott nichts gelten will und nicht zu pochen wagt auf den handgreiflichen Segen. Er will nichts als warten, nichts als empfangen. Er weiß: Das Geheimnis dieser Nacht ist das Geheimnis über der *leeren* Menschenhand.

„Da rang ein Mann mit ihm." Die Einsamkeit wird durchbrochen, jäh wird sie beendet. Der Einsame vor Gott wird zum *Ringer* mit Gott. Eines ist wachen und warten. Aber ein anderes ist: Gott angehen in der Vollmacht, in der Glut des Gebetes, in der Leidenschaft und der Ausdauer, die hinführt zu dem Gipfel des Wortes: „Ich lasse dich nicht, du segnest mich denn." Was geschieht hier? Es geschieht – aber wir können davon, wenn wir reden, nur in der ganzen groben Unzulänglichkeit unsrer Worte reden –, daß einer das große, treue Gedächtnis Gottes angehen will, wie als müßte er Gott erinnern, wie als vergäße Gott – aber er vergißt nicht –, als müßte er sagen: „Der du auch über meine Seele einen heiligen Verspruch getan hast, daß sie nicht verderbe, an solches Wort erinnere dich meine leidende, irrende, fehlsame, versuchungsvolle Seele" (so in

Bezzels Worten). So mag einer wohl mit Kreide auf den Tisch schreiben, die Mächte der Anfechtung zu bannen: baptizatus sum, ich bin getauft.

„Und als er sah, daß er ihn nicht übermochte, schlug er ihn auf das Gelenk seiner Hüfte, und das Gelenk der Hüfte Jakobs wurde über dem Ringen mit ihm verrenkt." Der Ringer Gottes wird zum *Verwundeten* Gottes. Auch hier gilt es noch einmal innezuhalten, wie man an einem Malzeichen des Weges innehält. Sollte uns etwas, was diesem Erlebnis gleicht, sollte uns die Erfahrung vom „Pfahl im Fleisch" so ganz unbekannt sein? Nein, das spricht des Christenmenschen Leben doch aus wie eine Erfahrung: so wunderliche Jahre, so schwere Führungen, so rätselhafte Verluste, so unvorhergesehene Armut. Und doch: ich gäbe meine kranke Hüfte nicht her – oder das, was bei mir an Stelle der kranken Hüfte steht –, denn sie hat mich deutlicher als alle Glücks- und Glanztage meines Lebens gelehrt zu begreifen, daß Gott an der Arbeit ist über meinem Leben und in meinem Leben. Daß er's mit mir vorhat. Wie denn vorhat? Freundlich, leidvoll? Daß er's mit mir göttlich vorhat.

Der Wanderer, der auf unbekanntem Weg ein Malzeichen findet, das ihm mit einem Gewißheit gibt, daß er auf rechtem Wege ist, der hat das Malzeichen lieb. Nicht anders meinte es der mittelalterliche Meister, der „Leiden das schnellste Pferd" nannte, das uns „reitet zur Vollkommenheit". So darf er, als der Verwundete Gottes, sich gerade dieser Bahn als der heiligen Bahn getrösten.

„Und er segnete ihn daselbst." So geschieht es denn, daß die Morgenröte anbricht, daß der Tag naht, daß der Verwundete zum *Gesegneten* wird. Es ist hier nichts mehr zu sagen. Es ist dies nur anzunehmen.

Im Schatten des Schwertes

Vom Cherub, der vor der Türe steht, das „bloße, hauende Schwert“ in Händen, von ihm haben wir alle als Kinder schreckhaft geträumt. Und als der Kindertraum verweht war, sahen wir – den Cherub nicht, aber noch immer die Schatten des Schwertes, und sie wuchsen über die Welt hin. Es wird die Aufgabe mehr als einer Krankheitszeit, die eines Lebens sein: den zu erkennen, der über dem Cherub ist, und den Gotteswind zu hören, vor dessen Atem die eiserne Tür selbst sich in den Angeln bewegt.

Was wird morgen sein?

Was wird morgen sein? Eine Ungewißheit weniger, die Ungewißheit über den morgigen Tag, der dann „heute" heißt, und eine Ungewißheit mehr, die über den kommenden Tag, den neuen.

Aber das ist ja eine furchtbare Antwort, wenn sie dem erteilt wird, der unter der Ungewißheit leidet! Nein. Es ist die Antwort der Wahrheit, und, wenn wir ihr nur inständig genug zuhören, so vernehmen wir eine tröstliche Botschaft.

Wir haben das ja wohl im Ohr, was einer sagt, was unzählige sagen: alle Klarheit, so sagen wir, alle Gewißheit, auch die bitterste will ich tragen, jeden Schmerz will ich aushalten, nur die Ungewißheit, die lähmt, die zermürbt mich. Das ist viele Male ausgesprochen worden in bangen Nächten, auch von uns selbst.

Ich muß von dem Pianisten aus Saal Siebzehn erzählen. Von ihm habe ich gelernt.

Habe ich von ihm gelernt, eine Antwort auf die Frage „Was wird morgen sein?" zu geben? Nein, das freilich nicht. Aber ich habe gelernt – nein, hören Sie zu:

Er war mit einem Lufttransport geradewegs von der Front zu uns in unser Kriegslazarett gekommen, wir lagen damals in Kiew, die Türme der heiligen Lawra, des großen, uralten Klosters, prangten im Frühlicht. Gleich in unsrem ersten Gespräch hatte er mich nach den Mönchen gefragt, die hier, einige wenige nur noch, ein Schattendasein führten. Von den unterirdischen Gängen wollte er wissen, von den Glassärgen; vor allem aber fragte er nach allen Musikinstrumenten, die man hier hören – und am liebsten gleich spielen sollte, und ich war betrübt, daß ich ihm da nur ungenügende Antwort geben konnte. Musik war seine Welt, sie war das einzig Wirkliche für ihn; dieser Krieg und aller militärischer Wirrwarr in ihm schien diesen Patienten überhaupt nicht zu berühren, und auch seine Schußwunde am linken Arm, eine Ellbogenverletzung, beschäftigte den Arzt, die Sanitäter und die Schwestern – nicht ihn.

Man weiß, wie es in den Lazaretten zugeht: am ersten und am zweiten Tag wird jeder Neuankömmling von den Altsassen geprüft, leise, unmerklich, mit Gutmütigkeit, mit halbem Scherz, mit kleinem Spott. Unser Pianist merkte auch davon nur wenig. Er gab heiter und willig Auskunft über alles Wer und Woher, und da er, in allen seinen Gedanken die Musik umkreisend, einiges von seinem Professor, dem Pianisten Serkin, erzählt hatte, selbst aber einen schwierigen, kaum buchstabierbaren Namen trug, so fand er sich unversehens selbst mit dem Rufnamen „Serkin" ausgezeichnet: er hatte die Kameradschaftsprüfung bestanden, wer einen Übernamen bekommt, ist angenommen.

Ich hatte ihm eine Freude bereiten können. Ein Mozartbild war mir in die Hand gekommen, das schenkte ich ihm. Er befestigte es sogleich an seinem Bett, und ließ es viele Stunden lang nicht aus den Augen. Mozart über seinem Tag, Mozart über den Fiebernächten.

Fieber: das war im Saal Siebzehn nichts Außergewöhnliches, denn es war der Saal der Amputierten. Aber Fieber ohne Besserung, das konnte kein gutes Zeichen sein, und die Veteranen des Zimmers, die jeden Blick des sehr schweigsamen Stabsarztes zu deuten vermochten, sahen wohl, daß Serkin zu den besonderen Sorgensöhnen der Abteilung gerechnet wurde. Aber auch von ihnen war keiner gefaßt auf das, was sich dann am fünften Abend nach seiner Ankunft ereignete: das Fieber bei Serkin war im Laufe des Nachmittags so gestiegen, daß man den Chef außer der Zeit holen mußte; die rote Linie, die sich, wie eine Giftschlange, armaufwärts zog, gab freilich dem Kundigen auch ohne Doktorgrad Kunde genug. „Schöne Bescherung", sagte der Stabsarzt. Dann, mit einer Stimme, die sie alle liebten, einer wunderbar väterlichen Stimme: „Pianist sind Sie?" Dann – schweigend – eine kurze Untersuchung. „Gleich rüber."

Saal Siebzehn war nur einer von den Sälen der Schwerverwundetenstation. Ich hatte an diesem Abend im Pavillon drüben Besuch zu machen, aber im Hof begegnete mir der Sanitäter Eisengaard, ein angehender Benediktinerpater. Er blieb stehen und sagte: „Serkin wird amputiert."

Für die erste Nacht hatte man den Frischoperierten in ein kleines, ruhiges Zimmer gelegt. Gleich am andern Tag aber war er, auf seinen eigenen Wunsch hin, wieder zu den Saalgenossen von Saal Siebzehn gebracht worden. Dort traf ich ihn. Das Fieber war gesunken, der Blick fast klar. Trostworte? Man spricht keine Trostworte. Das einzige, das so genannt werden mag, sprach er selbst. Er sagte: „Ich komponiere schon."

„Bei uns hat er sich Notenpapier bestellt", riefen zwei vom Tisch herüber. Man sah sie mit Bleistift und Lineal hantieren. „Mann", sagte der eine und kam mit großer Geschwindigkeit auf einem Bein an Serkins Bett gehüpft, einen Stoß Blätter in der Hand, „Mann, da kannste 'ne ganze Sinfonje komponieren!"

„Sinfonie heißt das, Willem."

„Es heißt ‚Symphonie'."

„Wie heißt es, Serkin?"

„‚Sinfonie' oder ‚Symphonie', ihr könnt beides sagen. Nur einfallen muß es einem."

„Dir fällt das schon ein, Serkin."

„Ich komponiere schon", hatte er gesagt. Was sollten wir da groß Reden halten?

Er wurde in ein Heimatlazarett verlegt und kam mir aus den Augen. Nicht aus dem Gedächtnis. Ich habe von ihm gelernt.

Gelernt, was das ist: Vertrauen in die Möglichkeiten. In die Einsicht, daß die Klaviatur des Lebens nicht nur eine Oktave umspannt, sondern mehr als eine. Daß, wenn eine Türe zugeht, man darauf achten mag, ob nicht eine andere zur gleichen Stunde sich öffnet. Und: daß eine Wahrheit – einem weißseidenen Fallschirm gleich – sich erst dann entfaltet, wenn der, für den sie bestimmt ist, den Sprung gewagt hat. Und endlich – was wir wohl heimlich wissen, und doch offenkundig vergessen, wieder und wieder –: daß „verhüllte Zukunft" besagen will: du sollst jetzt nicht tragen müssen, was dir zu anderer Stunde auferlegt wird, wozu du aber auch erst zu anderer Stunde die Schultern haben wirst.

Und ich habe von ihm gelernt, was das heißt: Wagnis der Arbeit. Daß es für den, dem ein ungewisses Morgen den Blick verdunkeln möchte, eine Hilfe gibt, die darin besteht, daß man nicht untätig ist: „Ich komponiere schon." Das waren ja vielleicht zuerst nur kleine Tastversuche in ein Neuland hinein, zwei- und dreistimmige Sätze zu einer vertrauten Melodie, kleine Fugen dann – aber alles, was er schrieb, stand in einer geheimen Verbindung zu den großen Notenschränken der schöpferischen Welt.

Wo mag Serkin sein? Ist Tag um ihn oder Dunkel? Unter uns, die damals im Saal Siebzehn aus und ein gingen, ist er unvergessen.

Abschied und Neuanfang

Elia aber ging hin in die Wüste eine Tagesreise weit und kam und setzte sich unter einen Wacholder und wünschte sich zu sterben und sprach: Es ist genug, so nimm nun, Herr, meine Seele; ich bin nicht besser als meine Väter. Und er legte sich hin und schlief unter dem Wacholder. Und siehe, ein Engel rührte ihn an und sprach zu ihm: Steh auf und iß! Und er sah sich um, und siehe, zu seinen Häupten lag ein geröstetes Brot und ein Krug mit Wasser. Und als er gegessen und getrunken hatte, legte er sich wieder schlafen. Und der Engel des Herrn kam zum zweitenmal wieder und rührte ihn an und sprach: Steh auf und iß! Denn du hast einen weiten Weg vor dir. Und er stand auf und aß und trank und ging durch die Kraft der Speise vierzig Tage und vierzig Nächte bis zum Berg Gottes, dem Horeb.

1. Könige 19, 4-8

Und dann erfährt Elia die Gnade des neuen Auftrags. Was in jener Begegnung am Ziel des Weges Elia zuteil wird, ist zuerst das Geschenk einer göttlichen Korrektur. Nicht im Wind, nicht im Beben, nicht im Feuer ist der Herr. Das will sagen: es ist ein Abschied zu nehmen. Und will sagen: es geht weiter. Abschied ist zu nehmen von einem Gottesbild, in das sich Gottfremdes, sollen wir sagen „viel wilder Elia", eingemengt hatte. Aber in diesem Abschied wohnt schon eine neuer Anfang. Wolle nicht sogleich wissen, wie es weitergeht. Wolle den zweiten Schritt nicht vor dem ersten tun, und wenn du aus der ersten Reihe in die zweite versetzt wirst, wenn der neue Auftrag der unansehnlichere Auftrag zu sein scheint, so hadere nicht mit dem, der beide kennt, deine Kraft und die Grenze deiner Kraft.

Sprechen wir von Elia und seiner Erfahrung? Sieht uns nicht, wenn wir von der Gnade, die uns einholt, sprechen, das Angesicht dessen an, der um die vierte Nachtwache zu seinen im Sturm bedrängten Jüngern kommt? Und wieder das Angesicht dessen, der Petrus findet zwischen Knecht und Magd in des Hohenpriesters Palast, der ihn ansieht, einholt – und wärs gleich, daß er ihn holt auf den Weg der bitteren Tränen? Und wo wir sagen „Gnade, die uns herausholt", da hören wir die Stimme, die zu Matthäus spricht: „Folge mir nach!", und zu den Furchtsamen hinter Tür und Riegel: „Gleichwie mich der Vater gesandt hat, so sende ich euch." Und lesen wir hier von geröstetem Brot und von der Kanne Wasser, so entsteht vor unsrem Blick das andere Mahl schon: „Nehmet, esset, das ist mein Leib." Und immer, wenn wir von Abschied und Neuanfang lesen im alten Buch der Könige, lesen wir den neuen Text schon mit: „Als du jünger warest, gürtetest du dich selbst und wandeltest, wohin du wolltest; wenn du aber alt wirst, wirst du deine Hände ausstrecken – und ein anderer wird dich gürten."

Und da dies unter uns ist, das Zeichen der weiterwirkenden Gnade, so sollen wir es einander zusagen und zuteilen, wie wirs vermögen. Das „todmüde" bleibt bei uns und wird wiederkehren, morgen vielleicht schon. Und „Mitten wir im Leben sind mit dem Tod umfangen" – das ist keine mönchische Schwarzseherei sondern die Wahrheit, die auch dieses „todmüde" einschließt. Aber auch das „weiter" ist kein Traumspiel. Und nicht von unsrer Seele will weichen das andere Lied: Mitten wir im Tode sind mit dem Leben umfangen.

Also in Afrika

Gleich nach Tisch regiert die Ruhe im Krankenhaus. Es ist nicht jene „unbedingte Ruhe“, von der auf den gestrengen Plakaten im Korridor die Rede ist, eine so vollkommene Ruhe gibt es wohl überhaupt nicht im Haus der Schmerzen; aber es herrscht Ruhe, das heißt: eine dumpffreundliche Schläfrigkeit, in der wir uns vom morgendlichen Nichtstun erholen und an den Knöpfen unsres Schlafanzugs abzählen, ob wir nachher, wenn die Tore sich auftun, Besuch bekommen werden oder nicht. Aber da klopft es, und herein huscht die Tochter. Zeichen und Wunder! man hat sie außer der Zeit durch die Pforte gelassen, wie ein Frühlingswind fährt sie herein, also daß wir, die drei seriösen Herrn vom Zimmer 16, unsrer dumpfen Mattigkeit ledig, ganz Aug und Ohr sind, Herz und Sinn. „Wie befindest du dich, Väterchen? Mittelprächtig? O la la … Was ich sagen wollte: habe doch bitte die Güte, mir meine Schulmappe bis halb fünf Uhr zu verwahren, wir haben einen Lerngang zu überstehen, einen Naturkundelerngang … Bis heut abend also. Bessere dich ein wenig, geliebtes Väterchen …“ Und damit stellt sie mir die Mappe neben das Bett, sagt das artigste Lebewohl, nickt im Vorbeigehen meinen beiden Mitpatienten zu … An der Tür hält sie noch einmal, dunkelbraun und achtzehnjährig. „Bye, Bye“, ruft sie, winkt und entschwebt. „So eine Person“, sagt, bewundernd halb und halb verstört, mein Bettnachbar. „Damen sind das“, vermerkt der Herr in der Ecke. Der Vater aber mischt sich diese Karten und denkt sein Teil.

Die Schulmappe. Ich bin versucht, ein wenig zu stöbern, in den Grenzen der Schicklichkeit, wie sich versteht. Die

Hefte also bleiben uneröffnet, Schulzeugnisse sind etwas für gesunde Väter und sind nichts für Fieberkranke. Die Schulbücher aber, die tun mir's an. „Höhere Analysis, Lehrbuch für den Unterricht in Klasse 8 und 9 der höheren Lehranstalten“ steht da geschrieben. Höher, noch höher, zu hoch: böhmische Dörfer für mich! Wann war das, daß einmal Sinus und Cosinus mir die halbe Welt bedeutet haben? Sehr lang ist's her. Französisches Lehrbuch, Englisches Lehrbuch... nun, da könnte man sich durch eine Lektion hindurchpirschen. Ich lege die Bücher auf den Nachttisch, für nachher, und stöbere weiter. Erdkunde... und hier: der Atlas. Willkommen, der Atlas! Fort also mit den Fremdsprachen und fort mit der ganzen Mappe. Ich stütze die Knie auf und blättere im Atlas. Europa. Nein, lieber nicht Europa. Nur wohltätige Lektüre ist genehmigt, hatte der Arzt gesagt. Europa ist keine wohltätige Lektüre, nicht einmal auf dem Atlas. Aber da gibt es ja zum Glück dann noch andere Ländereien. Ozeanien gibt es: die Neuen Hebriden, Neukaledonien, die Gesellschaftsinseln ... wie wäre es damit? Wo wohnen Sie, Herr Schriftsteller? Und ich würde antworten: in Schwaben ... aber ich habe ein Blockhaus auf den Gesellschaftsinseln... wie würde sich das anhören? Nein, ich weiß doch nicht, Ozeanien ist schwerlich das richtige. Ich blättere um. Oh, welch respektable Weintraube ist das? Afrika. Wohl, hier laßt uns Hütten bauen!

Und plötzlich, wie denn Leben im Sternenfall niederfährt, kommt mir zum Bewußtsein: so haben die Geschichten begonnen, mit denen der Drei- und Vierjährige einst seine Umgebung belustigt hat, man hat es mir erzählt: die Geschichte mochte handeln wovon immer, feststand, daß sie beginnen mußte: „Also in Afrika“.

Und da ist nun also Afrika, freilich nur das Atlas-Afrika. Das Auge reist über den riesigen Erdteil hin, verwundert und verwirrt, und der Zeigefinger beginnt damit, den Grenzen nachzutasten. Ich entdecke die Ländernamen: Marokko, Algerien, Libyen, Tunesien, Ägypten, Sudan ... Wasserläufe werden wahrgenommen: der Kongostrom, der Oranjefluß, der Nil. Berg- und Seenamen sind zu lesen, höchst amüsante Namen: Kilimandscharo, Tanganjika ... Und ich erprobe die Namen auf meiner Zunge. Schon aber fangen die Spiele der Phantasie, die Spiele der Verschwendung an, sich in mir selbst zu spielen. Ibis und Reiher blicken groß und stilläugig in einen Morgen, der wie durchtönt ist vom Sonnengesang des Echnaton. Geisterluft alexandrinischer Weisheit umweht den Schritt des Gelehrten. Und der Tag vergeht; wie eine Macht von Anbeginn aber ragt die Silhouette der Königspyramiden in die Nacht.

Das Bild entschwindet, und schon drängt sich in zügelloser Ungeduld ein Wirrwarr von Farben und Gerüchen her, Schreie und Gesänge vermischen sich, Schrecklaute und Opferriten, und ich beginne von neuem zu begreifen das einst gelernte Wort: „der dunkle Erdteil".

Dort freilich, wo der forschende Finger der rechten Hand verweilt, ist fast vertraute Landschaft, siebzigmal gepflügter Boden, tausendmal beunruhigter Bereich, Gelände, selbst dem Herzen nicht fern: Hannibal, der karthagische Feldherr, das dunkeläugige Idealbild unvergessener Knabenjahre – Hannibal, der Gebieter über gewaltige Elefantenherden, rüstet zum Heerzug nach Italien. Und nun sind es die Knabenjahre nicht mehr und nicht mehr die Jahre der Punischen Kriege: aufglänzt das vierte Jahrhundert nach Christi Geburt und in ihm die größte Gestalt, die dieser Erdteil der Welt geschenkt hat,

Meister, Freund und Nachbar des Manneswegs: der eine Augustinus.

Solcherart sind die Erkundungsfahrten des Zeigefingers. Die Linke aber darf mit der ganzen Fläche ihres Handtellers ruhen auf unerschlossenem Land. Eine einsame Siedlung ersteht vor dem Auge, Hütten, allein im Unübersehbaren: tagsüber umschwelt vom Gluthauch der Sandwüste, nachts aber überstrahlt vom schönsten Gestirn: Kreuz des Südens genannt. Und unerschlossnes Land ist erst recht der riesige Urwald, Schlangenhausung und Tigerpfad – eine fremde Welt. Und hieße fremde Welt auch dann, wenn plötzlich etwas zu vermelden wäre von Flugplätzen und Rundfunkstationen, Parlamenten und Handelsabkommen auch in diesem Bereich. Fremde: das ist das undeutbare Lächeln der Eingeborenen, ihr Zögern und Widerstreben, ihr Schweigen und ihr Gesang. Und einzig dies zu denken: daß es Gewalten der Liebe und des Erbarmens gibt, die auch über diesem dunklen Erdteil Dauer gewinnen, – dies allein ist wie ein Pfad im Unwegsamen. Meine Gedanken finden den unbekannten Missionar, der an der Goldküste seinen Auftrag ausrichtet und der es weiß, warum er hier ist, und finden das kleine Lambarene: wahrhaftig, es ist eingezeichnet auch auf dieser Karte. Hier ist Albert Schweitzers Spital, aufgerichtet als ein Zeichen, ein weithin leuchtendes, und es deutet hinaus in die Brüderlichkeit aller Erde.

„Ich glaube wahrhaftig, Sie holen noch Schularbeiten nach“, ruft da mein Bettnachbar zu mir herüber. Und ich gebe zurück: „Schularbeiten nun doch nicht.“ Aber noch während ich es abwehre, mit meiner Tochter verwechselt zu werden, denke ich: ja, es ist etwas dergleichen, nur anderes als mein Leidensgenosse meint.

Ich habe gehadert heute nacht, ich weiß es, ich lag im Streit mit dem närrischen Fieber, das nun schon so lange mir seine schlimme Treue hält. „Lauter verlorene Zeit" – : ich weiß nicht mehr, wie dieses Wort zu mir kam; nur: daß es plötzlich da war, daß es sich festsetzte in mir wie ein elender Kehrreim: lauter verlorene Zeit.

Aber es gilt nicht, das arge Wort. Wenn es heute nacht von neuem durchs Fenster steigen sollte und seine Visite der Finsternis bei mir beginnen will, so werde ich das Unwort schön empfangen.

Verlorene Zeit sei das? Und ich *fand* doch Zeit. Fand Zeit zu den Spielen im Geist. Länder gewannen Gestalt, und Gestalten traten ins Leben. Ein Löwenhaupt blickt herzu, gleich als wäre man in Wahrheit Sankt Hieronymus im Gehäuse, Früchte liegen auf dem Traumweg, und von der Kaffeeplantage her duftet es, verlockend genug. Eine schöne Geschichte werde ich ihm zu erzählen haben, ihm, dem Geist des Trübsinns, die alte Fabulierlust wird am Werke sein, und anheben wird es von neuem wie eh und einst: „Also in Afrika – ".

Die Kunst des Krankenbesuchs

Das ist nicht in der Elementarschule zu lernen: die Kunst, einen Krankenbesuch zu machen, einen, der zählt. Zu wissen, wieviel mitzubringen ist und wieviel zurückbleiben muß, ehe man eintritt durch diese Tür. Nicht auf den Zehenspitzen zu kommen, und doch auch lärmend nicht, gesammelten Wesens. Nicht mit lauter guten Nachrichten – was verschweigt er mir? denkt sonst der Kranke – und doch auch nicht mit Hiobsposten. Wahr – aber mit dem Vorzeichen der Lindigkeit, liebend und nicht verzehrend, zuversichtlich und nicht forsch; nicht von der Krankheit redend und sie doch nicht übersehend, wissend also. Nicht mit einem Säckchen „Weisheit am Wege" bepackt, und doch wahrhaftig nicht ohne Weisheit. Dem Sein mehr vertrauend als allem Tun. Welchem Sein? Dem eigenen? Ja, auch dem eigenen – getrost in dem Glauben, daß im Ernst durch diesen Besuch etwas Gutes gewirkt werden kann. Bereit: das soll heißen vorbereitet, und fähig zugleich, alle Vorbereitung wieder dranzugeben. Willig, mit anderen zusammen unter die Gewalt eines Psalms zu treten, und willig doch auch, dem Schweigen den Raum zu überlassen, in den das Geheimnis ganz unmittelbar einzudringen weiß: innig und groß.

Nur eine Bitte noch

Was können wir Menschen? Ich sehe vor mir den Glockenstuhl aus der Kirche meiner Kinderjahre, die großen Steine, die dort die Seile beschwerten, und ich denke an den Menschen, dem so schwere Steine auf der Seele liegen, daß ers nicht vermag, das „Es ist gut“ auszusprechen. Aber nun zieht er am Seil und die Glocke gibt einen Ton. Kein Bekenntnis ist möglich, kein noch so zögernd gesprochenes Siegerwort. Nur eine Bitte noch; nein – auch keine Bitte mehr, nur noch ein Ruf; Wort und Antwort zugleich: „In Dich habe ich gehoffet, Herr. In Ewigkeit werde ich nicht zerstoßen werden.“

II

Letzter Raum

Im Angesicht des Todes

Was liegt an unsren Geigen,
Die Menschenwerke sind,
Wenn tief im Wälderschweigen
Der Wind beginnt?

Wer ist, der noch in Tönen
Botschaft und Echo wagt
Wenn aus dem Wipfeldröhnen
Der Kosmos klagt?

Warum noch immer Worte
Singen, verstehen kaum,
Und hier ist schon die Pforte
Zum letzten Raum?

Im Angesicht des Todes leben

Einschlafgespräche der kleinen Gäste belauschend, erfahre ich, was es für diese Jüngsten mit dem „Angesicht des Todes“ auf sich hat. Sie wisse, was das Sterben sei, man habe es ihr erklärt, genau erklärt – so ließ sich die Siebenjährige vernehmen; nur *wo* die Menschen sterben, das wisse sie nicht. Darauf der Bruder, neunjährig und frühwach: „Aber das lese man doch jeden Tag: auf der Autobahn sterben sie.“

Auf der Autobahn also. Und nun denke ich Jahre zurück, denke an die eigenen Kinder, die im Dorf aufwuchsen: sie hätten so nicht gefragt und so nicht geantwortet. Sie kannten noch *den* Tod, der Wohnung nimmt mitten in den Wohnungen des Lebens. Sie besuchten den Schreiner, der Sargbretter zurechtschnitt, sie sahen geschlossene Fensterläden an dem Haus, in dem ein Totes lag. Es gab die Gebräuche: das viele Kuchenbacken für den Leichenschmaus zum Beispiel, das lebensentschlossene; das große Trauergeleit, das am Haus vorüberzog; und die Erinnerung bewahrt auch dies: daß man aufgefordert worden war, noch einen Augenblick zur Ahne hinein zu sehen. Man fürchtete sich ein wenig – aber dann ist nichts furchtbar: mit einem weißen Tuch war das Kinn festgebunden, und die Hände kreuzten sich über dem eingefallenen Leib.

Das ist nun selten geworden. Der Tod wurde in die Klinik verlegt, und auch dort wies man ihn, wo irgend möglich, aus den allgemeinen Krankensälen hinaus in kleine Eckzimmer und Sterbekammern. Die Schilderung aus Rilkes „Malte Laurids Brigge“, geschrieben im Anfang dieses Jahrhunderts, kommt jedem, der ihr einmal begegnet ist, in diesem Zusammenhang sogleich in den Sinn: „Wer gibt heute noch etwas für einen gut ausgearbeiteten Tod? Niemand. Der Wunsch, einen eigenen Tod zu haben, wird immer seltener. Eine Weile noch, und er wird ebenso selten sein wie ein eigenes Leben. Gott, das ist alles da. Man kommt, man findet ein Leben, fertig, man hat es nur anzuziehen. Man will gehen oder man ist dazu gezwungen: nun, keine Anstrengung: voilà votre mort, monsieur." Das war vor einem Jahrhundert. Und nun also – hat der belehrende Bruder nicht verstörend recht? – auf der Autobahn: der Tod irgendwo, das Sterben von unterwegs. Dazwischen liegen die Kriege unsres Jahrhunderts, und, so befremdlich es sich anhört, es scheint wirklich so zu sein, daß diese langen – und nun schon wieder ferngerückten – Erfahrungen mit einem maßlos gewordenen Tod das „Angesicht des Todes" nicht so in uns eingeprägt haben, daß wir sogleich eindeutig sagen können, was das bedeutet: mit ihm leben, im Angesicht des Todes leben.

Und wenn wir nun an einen der düstersten Begleittexte der Nachkriegsjahre denken, an die Berichte aus dem Auschwitzprozeß von Frankfurt am Main – und darin besonders auch an das: daß diese abertausend Menschen Tag um Tag ihren „eigenen Tod" nur zwischen Schreien, Fluchen, Ängsten, zwischen Kot und Gas erfahren konnten, und daran: wie grauenvoll unerschüttert diese Berichte zur Kenntnis genommen wurden ... zuerst von den Angeklagten im Saal und dann von einem Teil der Zeitungsleser auch – was ist das für eine Gleichgültigkeit? Ist es die Notwehr des Lebens, das nicht leben kann im Angesicht solchen Todes? Ist es die Abstumpfung schlechthin, die Verkümmerung der Seele – was ist es?

An Versuchen, diese unsre „Zukunft zu bewältigen“, wenn man so sagen mag, hat es zu keiner Zeit gefehlt. Es sind Versuche, den Tod wegzudenken oder ihn umzuträumen.

Alles Wegdenken geschieht, bewußt oder unbewußt, in der Nachfrage des Epikur, der dekretierte: „Wenn du bist, ist der Tod nicht; wenn der Tod ist, bist du nicht“ – und der bei dieser so säuberlich anmutenden Grenzziehung außer acht ließ, daß das „Angesicht des Todes“ in so vielfältiger Spiegelung sich zeigt, daß so viele Vorfelder schon von ihm besetzt sind: es gibt die Todesahnung und die Todesangst, die Todeserfahrung mit Nahen und Nächsten; nein, es ist keine „mönchische Schwarz-in-Schwarz-Malerei“, sondern die Wahrheit, einfältig die Wahrheit, die anhebt in der alten Antiphon: „Mitten wir im Leben sind mit dem Tod umfangen“.

Zum „Wegdenken“ zählen auch die Versuche, am Tod vorbei zu blinzeln, das Subtrahieren des Horaz: „non omnis moriar“ – „nicht *ganz* werde ich sterben“, das, wie ein entschlossener Spieler tut, auf ein wenig Unsterblichkeit „setzt“, auf Ruhmeshalle und Monument: „Ist der Leib zu Staub zerfallen / lebt der große Name noch“ – : aber „die Toten reiten schnell“, und selbst bei den feierlichsten hundertsten Geburtstagen kommt nur Wunderweniges hinaus über das „denn er *war* unser!“: vielleicht die Bewegung des Herzens, die in einem jetzt Lebenden sich ereignet, weil ein fernes Gedicht, ein altes Bild, eine Musik ihn anrührt, vielleicht der Antrieb zum Dienst, der von einem großen Beispiel ausgeht. Mehr? Mehr nicht.

Umzuträumen wünschte man ihn früh; ein schöner Jünglingsgott mit der Fackel sollte er sein, Charon, der Fährmann; dann: Lethe, der Strom – und dunkler Wohllaut tönt noch im Lied der Ariadne: „Aber lautlos meine Seele / Folget ihrem neuen Herrn / Wie ein leichtes Blatt im Winde / Folgt hinunter, folgt so gern."

Das Mittelalter hat nicht „umgeträumt", Holbeins Totentanz bleibt bei der Wirklichkeit; erst im Zeitalter des Barock, in dem das volle Leben seine Triumphe feierte, beginnt ein neuer Versuch der Bewältigung, jener Ton der – wir würden heute sagen – Verfremdung, der in Bachs Ewigkeitsglauben hieß: „Komm, du süße Todesstunde", der in Novalis oder in Karoline von Günderode dann etwas Hektisches annahm und bis zu den Nachklängen der Romantik sich so wieder und wieder erneuert, bei Hermann Hesse noch: „– das erschrockne Herz mit harten Schlägen / Wartet, wartet, wartet auf den Tod."

Es ist uns – frei herausgesagt – nicht geheuer bei diesen Versuchen, es kann uns nicht geheuer sein angesichts der Erkenntnis, daß es die Festung, in der man Stellung beziehen könnte, vor diesem Gegenüber nicht gibt: wir haben vor ihm keine Position.

Wir haben vor dem Tod keine Position – das will sagen: er ist nie für uns „außen", sondern immer schon „innen": „So leben wir und nehmen immer Abschied" heißt es am Schluß von Rilkes Achter Duineser Elegie; man hat die Zeile immer auf das Stichwort „Abschied" zu gelesen und der Zusammenhang könnte einem dazu ein Recht geben:

„Wer hat uns also umgedreht, daß wir,
was wir auch tun, in jener Haltung sind
von einem, welcher fortgeht? Wie er auf
dem letzten Hügel, der ihm ganz sein Tal
noch einmal zeigt, sich wendet, anhält, weilt –,
so leben wir und nehmen immer Abschied."

Aber eine große Dichterzeile kennt kein betontes Wort; die Bedeutung von „leben“ und von „immer“ will hier ebenso und genau bedacht sein: es geht um die Bereitschaft willentlich – wissentlich so zu leben, daß man nicht vergißt, wie beständig das Angesicht des Todes auf „Tal“ und „Hügel“ gerichtet bleibt; daß vor ihm die Kette unsrer Jahre und Tage sich fügt, Kettenglied zu Kettenglied; daß aber Tag und Stunde durch diesen Allzeit-schon-Anwesenden nicht verderbt, nicht ausgelaugt werden; seine Gegenwart erlaubt, ja befiehlt fast ein gutes, nahes Verhältnis zum Leben, zu seiner „Herrlichkeit“ (auch dies, gerade dies ein Wort des gleichen Rilke); drei Zeichen dabei dem Adepten ins Antlitz schreibend: einen eigenen *Schmerz*; den *Ernst* der Verantwortung; die *Heiterkeit* des Weiterziehenden.

Der *Schmerz* stammt aus der Erkenntnis, daß unsrem Haben ein großes Soll gegenübersteht, daß der Blick jeder Lebensstunde nicht nur Erreichtes und Unerreichtes umfaßt, auch nicht nur Erreichbares und Unerreichbares, sondern auch Gestaltetes und Zerstörtes, durch uns Zerstörtes.

Der *Ernst* bedenkt das anvertraute Lebensgut; da wir nicht wissen, wie lange wir mit ihm frei schalten können, gehen wir gefaßten Sinnes an unser Tagwerk, Antwort gebend, wie immer dieser eine Tag uns fragt. Diesem Ernst würde ich nun freilich auch die Antwort zuordnen, die dem heiligen Luis de Gonzaga zugeschrieben wird: als der klösterliche Präfekt einst die ballspielenden Knaben fragte, was sie tun würden, wenn sie plötzlich erführen, daß sie nur noch eine Stunde zu leben hätten, da gaben die Gefragten allerlei angestrengte geistig-geistliche Antwort. Luis de Gonzaga aber antwortete: „Ich würde weiter Ball spielen.“

Die *Heiterkeit* des Weiterziehenden: es ist die Heiterkeit, die ihren vollkommenen Ausdruck fand in Mozarts Musik, in der Musik des Mannes, der früh schon vom Tod zu sagen wagte, er habe ihn kennengelernt als den „Schlüssel zu unsrer wahren Glückseligkeit", und dabei hinzugefügt, es werde doch kein Mensch sagen können, er sei „im Umgang mürrisch oder traurig"; die Heiterkeit dessen, der dem Flüchtig-Fliehenden, dem Vogelflug und der Morgenröte, freudig begegnet, obschon der glückselige Augenblick nur eben – ein Augenblick ist.

Wir haben – wohlbedacht – in unsrer Besinnung ausgespart die Frage nach dem Credo, die Glaubensfrage also, die Frage, ob man – wie Matthias Claudius sich ausdrückte – „so'n närrischer Kerl ist, der, wenn er Weizen sät, schon an die Stoppeln denkt und an den Erntetanz" – oder ob man das nicht zu denken, nicht zu glauben vermag: die Aufgabe ist, wie mir scheint, als die Aufgabe vor der verriegelten Tür die gleiche Aufgabe.

Zuletzt: nirgends so wie hier ist man gewarnt davor, zu viel sagen zu wollen, zu hoch zu greifen. Genug geschieht, wenn uns jede Besinnung dazu ermutigt, in einiger Freiheit durch die Morgentür der Verantwortlichkeit und die Abendtür der Versöhnlichkeit zu gehen, weltlich in dieser Welt der Aufgabe zugetan im Angesicht des Todes, und auch bereit, je und je vor ihm, dem gegenwärtigen, wiewohl noch unsichtbaren Präfekten – Ball zu spielen.

Jakobizeit

Ein Feldweg vor dem Dorf. Jakobizeit.
Der alte Kantor geht mit seiner Frau
Still schwarz in schwarz.
Vielleicht sagt er jetzt: schau,
Bis übermorgen ist das Korn bereit.

Dann ist es wieder leis. Sogar der Wind,
Der sonst doch stürmisch über Wolken thront
Und hundertalte Bäume wenig schont –
Um diese Stunde ist er leicht und lind.

Und geht behutsam mit den beiden mit.
Die sind jetzt wieder Bräutigam und Braut
Und wagen wie vor Liebe keinen Laut
Und wissen doch wohin mit ihrem Schritt
Und hören schon der letzten Sense Schnitt.

Goethes Mutter

Seht eine Siebenundsiebzigjährige, in Rüstigkeit und ohne sonderliche Beschwerden in dies hohe Alter gekommen, wie sie – nun auf dem letzten Lager – spät abends ihren Neffen, den Doktor Melber noch einmal zu sich kommen läßt: „Mach Er mir nichts vor, Vetter“ – sagt sie zu ihm – „ich weiß doch, daß es aus mit mir ist. Sag Er's rund heraus, wieviel Stunden sind mir noch übrig?“ Und wie sie erfährt, daß es wohl nur noch einen Tag dauern werde, läßt sie sich ein Schälchen Schokolade machen in der Gewißheit, daß ihr das nun nicht mehr schade.

Alles Äußere ist seit Tagen geordnet, die Träger sind bestimmt, der Tischler hat Maß für den Sarg genommen, und ein zweiter Tischler, der zu spät kam, empfing aus Frau Ajas Hand ein Geldgeschenk und die Versicherung, es tue ihr leid, daß sie ihn nicht auch noch ins Brot setzen könne. Die Größe der Brezeln für den Leichenschmaus ist festgesetzt, die Weinsorte bezeichnet, und den Mägden ist eingeschärft, mit den Rosinen beim Kuchen nicht zu sparen: das habe sie bei Lebzeiten nicht leiden können – und darüber würde sie sich noch im Grab ärgern. Eine Einladung in eine nachbarliche Familie kommt noch, und die Rätin, die so oft, mit so viel Lebensvergnügen, solchen Einladungen gefolgt war, bescheidet die Botin: „die Frau Rat lasse sich entschuldigen, sie könne nicht kommen ... sie müsse alleweil sterben.“

Und dann starb sie, klaren Gemüts, am 13. September 1808 um die Mittagsstunde. Starb, wie sie gelebt hatte: heiter – in Gott heiter, und uns ist es überlassen, die Vokabel auszusprechen, zu der wir so oft Mut, Freiheit und Unbefangenheit nicht gewinnen wollen: ein glücklicher Mensch.

Wir, die Kinder dieser Zeit, die wir auf die Grundfrage des Verzichts unsere wunderlichen Kringel setzen, sind geneigt, die Trivialität des Glücks in allen Sprachen zu bekunden. Ratlos fast stehen wir vor dem Bild eines Menschen, der mit seinen anvertrauten Kräften fröhlich umzugehen wußte und nichts war als nur eben dies eine: ein glücklicher Mensch. Und doch: ist uns sein Bild nicht gesetzt, unsere Ratlosigkeit zu vermehren, sondern als die lebendige, die beständige Einladung auf gleiche Bahn.

An einem der letzten Abende, die Frau Aja erlebte, gab es in der Nähe ihres Hauses ein Konzert. Da sagte sie: „Nun will ich im Einschlafen an die Musik denken, die mich bald im Himmel empfangen wird." Sollen wir den Satz verstehen als eine Arte Gleichnisrede nach der Weise des Vater Textor, der, wie man weiß, ein starker Träumer gewesen ist; ganz zuletzt kehrt ja, wie man sagt, die Seele zu ihren Ursprüngen, in das Vaterhaus also, zurück. Wir wissen es nicht. An welche Musik mochte sie, ganz zuletzt wohl denken – im „Vorgefühl von solchem hohen Glück"? An die Zauberflöte vielleicht, die sie gut und gern zwanzigmal gehört hat, und die ihr wohl von aller Musik am nächsten stand: „Bald prangt, den Morgen zu verkünden ..."? Oder – nein: nur eine Musik konnte sie sich wünschen: die Stimme des Sohnes. Ihr entgegen war sie nun unterwegs: Das mußte – nach so viel Glück – das neue Glück sein: Unerfülltes in Erfüllung gehen zu sehen, Langentbehrtes nachholen zu können, die Gedanken des Herzens zu tauschen, und Dauer zu finden in diesem Tausch, zu verharren im langen, zweisamen, im endlich – nun endlich! – unendlichen Gespräch.

Zuletzt ein dunkler Punkt

Gewiß wird vor über hundert Jahren ein Mann wie der Dichter Theodor Fontane in der Osterkirche beim Hofprediger Frommel gewesen sein. Aber was er dann, vom Eigenen zu sprechen, aufschrieb, lautete so:

„Leben? Wohl dem, dem es spendet
Arbeit, Freunde, täglich Brot.
Doch das Beste, was es sendet,
Ist das Wissen, daß es endet,
Ist der Ausgang, ist der Tod."

Also Freude auch hier; die Freude des Tages; aber dann um alles geschmiedet der Ring der Furcht: immer enger wird es werden, zuletzt ist da nichts als ein dunkler Punkt. Unvergeßliche Sätze sind es, Sätze von einem, der sich in Todesergebenheit auf diesen Weg Eins versteht, die Fontane seinem Gutsherrn Stechlin in den Mund legt, als dieser den Tod kommen fühlt: „Das Ich ist nichts, damit muß man sich durchringen. Ein ewig Gesetzliches vollzieht sich, weiter nichts. Und dieser Vollzug, auch wenn er Tod heißt, darf uns nicht schrecken. In das Gesetzliche sich ruhig schicken, das macht den sittlichen Menschen und hebt ihn." Und dann heißt es: „Er hing dem nach und freute sich, alle Furcht überwunden zu haben. Aber dann kamen doch wieder Anfälle von Angst und er seufzte: ‚Das Leben ist kurz, aber die Stunde ist lang.'"

Wach bleiben

Wir beschwören Geschehenes: den Berg der Kinderschuhe in Auschwitz und den Geruch der Excremente, das gleichmütige Klappern der Schreibmaschinen, auf denen die Mordlisten gefertigt wurden ... nicht, um den Gram zu verewigen, sondern nur: um wach zu bleiben. „Der Schoß ist fruchtbar noch, aus dem das kroch“: der unbehagliche Schlußruf unsrer Moralisten verbietet uns den Schlaf des Vergessens.

Sanftes Joch

So spricht der Tod:

Geh, Bote, hin,
Such Kranke auf;
Geh', tröst sie noch!

Auch ich geh aus und bin
In meinem Todeslauf
Viel schneller doch.

Ich will hinfür
Dir, Tür an Tür,
Ein dunkler Nachbar wohnen,

Dein eigen Fleisch und Blut,
Wie weh dir's tut,
Auch nicht verschonen.

Freude

Verborgenes Joch!
Was soll er fürder nun, der Bote, sagen?
Sie haben ihm die Liebsten fortgetragen,
Einsamer Mann, was – sprich – wenn sie dich fragen,
Was bleibt dir noch?

Mein sanftes Joch.
Ich habe Augen, Gottes Welt zu sehen,
Gewißlich glaub ich Christi Auferstehen,
Auch mich, ich weiß, wird Gottes Geist umwehen –
Was mehr begehr ich noch?

———

Vokabeln der letzten Tage

Da sind wohl diese letzten Tage, Abende, Nächte wie eine Mauer aus grauem Lehm. Aber immer wieder dringt durch die Ritzen eine andere Gewalt, ein Dunkel, eine Helligkeit, und oft genug beides zugleich. Wir buchstabieren die Vokabeln – *Angst, Sorge, Gelassenheit, Freudigkeit* –, wir merken, wie sie ineinander geschrieben sind und wir keine zu Ende lesen können in diesem rätselvollen Buch.

Angst: Die wahre Lebensangst ist, so will uns dünken, beinahe so schweigsam, wie es die letzte Todesangst, die Angst der letzten Stunde fast immer ist. Ja, ist es denn nicht – hier wie dort – die nämliche Angst? Die Angst Adams im Garten des Paradieses, die Angst dessen, der sich vor dem Antlitz des Ewigen verbergen möchte und sich verschließen will vor dem Anruf: Adam, wo bist du?

Ein Stück von dieser Angst erscheint auf dem Antlitz des Sterbenden, und daß es gerade auch die Angesichter der Ernsten, Gesammelten, die Angesichter der nach dem Ewigen Fragenden, der im Glauben Geborgenen sind, die von dieser Angst versehrt werden, soll uns nicht wundernehmen. Man muß der oberflächlichen Betrachtungsweise widerstehen, die es wahrhaben möchte, daß der Fromme in reiner Harmonie seinen Abschied erleben und daß der, den die Schatten der Angst heimsuchen, nicht recht gereift und gefestigt sein müsse. In Wirklichkeit haben wir alle – in Krieg und Frieden – genug Menschen, die keinerlei Glaubensgewißheit und Ewigkeitshoffnung in sich trugen, auf ihrem letzten Lager voll Ruhe und Gelassenheit, Mannhaftigkeit und Würde gefunden, haben umgekehrt auch Menschen des Osterfriedens erlebt, die wie geschüttelt waren von den Gewalten der Angst. Warum so – und warum so? Die Antwort, es handle sich um Temperamentsunterschiede, reicht als Erklärung nicht zu. Viel eher könnte man sagen, daß gerade dem Reichgeprägten auch diese Erfahrung nicht erspart werden soll, daß gerade der Mensch des Glaubens der Mensch des großen Spannungsbogens ist, daß mit der Fülle sich diese Armut paart. „Da habe ich mich ein ganzes Leben lang auf das Sterben gerüstet, und nun es an mich kommt, fällt mir's so schwer."

Sorge: So heißen wir die Einsicht in die Unübersehbarkeit unserer Verantwortung, in die Unwiderruflichkeit geschehenen Geschehnisses. Sorge im Abschied: das ist Bismarcks Sterbegebet, ist das Verlangen, noch danken zu dürfen, wo Dankens Anlaß war, noch ordnen, noch Frieden schaffen zu können, noch einer letzten Aufgabe zu gehören mit der letzten Kraft. So wissen Ärzte von Sterbenden zu berichten, die – dem Leibe nach schon so gut wie tot – ihr eigenes Sterben aufhielten, bis ein Sohn, ein Freund, ein Feind ins Zimmer getreten und zu Dank und Versöhnung Hand in Hand gelegt worden ist ... Und endlich wäre auch die vielfältig bezeugte Seherkraft der Sterbenden zu verstehen als eine Sorge höchster Ordnung; wie denn von den Vermächtnissen derer, die dahingehen, einem Leben deutlicher bestimmende Kraft zuteil werden kann als von den Überlegungen derer, die auf dem Wege sind.

Gelassenheit: Sie kann gelten als das freundliche Gegenüber der Sorge, doch wird sie sich mitunter auch eben dieser Sorge gesellen. Sie kann einhergehen in der Gestalt des Stumpfsinns. Sie kann als Resignation erscheinen, wehmütig und schön in den Versen von David Friedrich Strauß: „Heute heißt's verglimmen, / wie ein Licht verglimmt, / in der Luft verschwimmen, / wie ein Ton verschwimmt", aber dann auch einfach gefaßt und weise, so in Fontanes Brief: „Eine Viertelstunde auf dem Lichterfelder Friedhof rückt einen immer wieder zurecht." Gelassenheit ist – neben ganz anderen Gewalten – auch in Goethes Sterben. Da steht das Schälchen mit Gartenerde, das zu untersuchen ihn beschäftigt, da sind die Blätter, die er numeriert, und da, im Dämmerzustand schon, „der schöne weibliche Kopf mit schwarzen Locken in prächtigem Kolorit auf dunklem Hintergrunde ..."; es ist das Lebenslang-Geübte um ihn, und er ist einverstanden.

Freudigkeit: Jakob Böhme, so heißt es, habe seinen Sohn gerufen und ihn gefragt, ob er auch die süßen Harmonien vernähme. Der Sohn verneinte. „Öffne die Tür, damit du sie besser hören kannst", sagte der Sterbende. Und sagte zuletzt dann: „Nun fahre ich ins Paradies." Nikolaus von Halem aber, eines der Opfer des zwanzigsten Juli 1944, schrieb unmittelbar vor der Hinrichtung diesen Brief: „Liebe Mutter. Jetzt habe ich auch die letzte, kleine Unruhe überwunden, die den Baumwipfel erfaßt, wenn er stürzt. Und damit habe ich das Ziel der Menschheit erreicht. Denn wir können und sollen wissend dulden, was der Pflanze unwissentlich widerfährt. Adieu, ich werde geholt. Tausend Küsse. Dein Sohn." Die Zeugnisse einer solchen Freudigkeit sind selten. Aber in jedem einzelnen von ihnen, ja schon im Abglanz solcher Freudigkeit auf einem Totenantlitz, wird offenbar, wie es eigentlich mit dem Menschen gemeint ist. Hier ist das große Zugleich, dem zwischen Zeit und Ewigkeit alles Leben im Glauben nachtrachtet, das große Zugleich des Zweiten Korintherbriefes: „Als die Sterbenden, und siehe, wir leben."

III

Schwerelosigkeit

Unsere letzte Stunde

Bilder, Bilder ohne Zahl gleiten jeden Tag an den Menschen unsrer Zeit vorüber, und die nun längst ihrer müde sein könnten, werden, ganz im Gegenteil, bildersüchtig, immer von neuem. Vertreiben, oder auch nur entwerten, kann ich sie nicht. Wohl aber kann ich, mitten unter diesen Bildern, das Bild aufrichten und darauf warten, daß der Weg von den Bildern weg zu dem Bild hinführe, das betrachtet ist in der großen Strophe von Paul Gerhardts „O Haupt voll Blut und Wunden“: „Erscheine mir zum Schilde, / zum Trost in meinem Tod, / und laß mich sehn dein Bilde –“. Mehr, ein Mehr an „geistiger Hilfe“, ist vielleicht nicht möglich. Wo aber dies geschieht, da geschieht viel. Rangordnungen richten sich auf, Unterscheidungen treten ins Bewußtsin: die zwischen „wesentlich“ und „unwesentlich“, die zwischen flüchtigem Glanz und beständigem Licht.

Stündlein oder Stunde?

Wer sich anschickt, etwas über unsere letzte Stunde auszusagen, muß wissen, daß er sich in Gefahr begibt. In doppelte Gefahr. In die Gefahr nämlich, zuviel zu sagen, dem Blinden gleich, der von der Farbe redet; ein Träumer, der von fremden Ländern, Inseln und Meeren fabuliert, weil er ihre Namen auf dem Kartenblatt gelesen hat. Und nicht minder in die Gefahr, zuwenig zu sagen. Auch wer selbst vielfältiges Sterben miterlebt hat und kraft wissender Liebe ein rechter „Nachbar der Sterbebetten" heißen darf – was weiß er denn in Wahrheit von dem allen, was geschieht: dann, wenn das letzte Wort gesprochen ist, der letzte klare Blick getauscht ... noch immer aber atmet, keucht, seufzt das Leben, eine Stunde lang, manche Stunde hindurch. Es habe nicht viel auf sich damit, versichert uns der und jener, und was sich da ereigne, das vollziehe sich bei geringem Licht, bei herabgemindertem Bewußtsein; selbst Verzerrungen der Gesichtszüge seien kaum mehr als dumpfe Regungen des enteilenden Lebens. Wir aber blicken dem Sprecher aufmerksam ins Gesicht und fragen zurück: „Woher weißt du's? Bist du gestorben?" Sollten nicht vielleicht doch die alten Väter und Meister, die so einmütig durch alle Zeiten hin die Bitte um ein „seliges Stündlein" auf dem Herzen trugen, näher bei der Weisheit zum Tode, näher auch bei der Wahrheit vom Tode gewesen sein als die Botschafter der großen Langeweile?

Das Stündlein, das letzte Stündlein: die Verkleinerungsform ist nicht der Ausdruck einer unwahrhaftigen Zärtlichkeit; die rechte Scheu vielmehr, das reine Gefühl dafür, daß von hohen Dingen nicht leicht schamhaft genug gesprochen wird, läßt dieses Wort gelten, und gerade auch der Glaube will es so. Unser irdisches „Hier und Nun", und im besonderen dieses letzte „Hier und Nun" ist für den, der an das „Dort und Dann" mit großer Freudigkeit zu glauben vermag, wirklich nur eben ein Husch, ein Nu, ein Stündlein. Ein Nu freilich von eigener Gewalt; und derselbe Luther, der die Rede vom „Stündlein" liebte, hat in der Fastenpredigt von 1522 mit tiefem Ernst auf die große Einsamkeit des Menschen im Abschied gedeutet: „Wir sind allesamt zum Tod gefordert. Und wird keiner für den andern sterben, sondern ein jeglicher in eigener Person mit dem Tode kämpfen. In die Ohren können wir wohl schreien, aber ein jeglicher muß für sich selbst geschickt sein in der Zeit des Todes. Ich werde dann nicht bei dir sein noch du bei mir." So werden wir recht daran tun, im folgenden zu handeln von unsrer letzten *Stunde*; der Perpendikel im Sterbezimmer kennt keine Hast.

Wahrheit und Liebe

Wenn es die Wahrheit der letzten Stunde ist (noch einmal: *wenn* – wir wissen nicht viel, nirgends ist unser Wissen und Erkennen so sehr Stückwerk wie vor diesen letzten Türen), wenn es die Wahrheit der letzten Stunde ist, daß Dumpfheit, Angst und Sorge, Gelassenheit und je und dann auch einmal königliche Freudigkeit in ihr mit wechselndem Szepter regieren, wie sieht dann der Auftrag aus, der uns allen – den zum Tode Gehenden und denen, die jetzt Beistand leisten, um zu anderer Stunde selbst die Gehenden zu sein – auferlegt ist? Gibt es da Rat und Weisung, gibt es die Weisheit der letzten Stunde?

Was ist's, das die Bleibenden den Gehenden schulden? Sie schulden ihnen Wahrheit und Liebe.

Wahrheit und Liebe: das sind in dieser unsrer Endlichkeit und Begrenzung zwei Mächte, die einander genug wehe tun, ein Leben lang. Werden sie nicht auch in der letzten Stunde noch miteinander im Streit liegen und auseinanderstreben? Wird es nicht eine Art von „Aus-der-Wahrheit-sein" geben, das die Liebe kränkt? Und wird „Aus-der-Liebe-sein" nicht der Wahrheit Abbruch tun können? Aus der Wahrheit sein: – das hieße in der unmittelbaren Verpflichtung, wie sie hier gemeint ist: daß man den Menschen gelten lasse in Ja und Nein, in Dank und Reue, in Reichtum und Armut. Und daß man nichts um ihn her wuchern lasse, was nur Täuschung, schöner Schein, Lüge – und wäre es: fromme Lüge – heißen darf.

Hier drängt sich nun gleich die Frage in den Vordergrund: ob man also dem Todgeweihten die Wahrheit über seinen Zustand sagen müsse oder nicht?

Man erinnere sich einiger Tatbestände. Der Dichter Theodor Storm brach innerlich zusammen, nachdem er den Bescheid über seine letzte, unheilbare Krankheit erhalten hatte. Daraufhin führten einige Freunde ein Scheinkonsilium herbei, das ihm neue Hoffnung gab. Storm ließ sich täuschen, lebte auf, schrieb den „Schimmelreiter" und starb dann gleich nach dessen Vollendung … Franz Rosenzweig hingegen, der große Heidelberger Meister, verbot seinem Arzt ausdrücklich, ihm das Ergebnis der entscheidenden Konsultation zu sagen. „Ich möchte nicht", sagte er, „daß man mich anlügt." Und von Karl Holl, dem schwäbischen Kirchenhistoriker in Berlin, wird erzählt, er habe, als das Gespräch mit Schülern auf diese Frage kam, in einem allen Teilnehmern unvergeßlichen Ernst geäußert: „Ich möchte nicht um meinen Tod betrogen sein." Dies zuvor. Die Wahrheit ist einfältig; aber die Empfänger der Wahrheit sind es nicht; selbst hochbefähigte Ärzte sind, wie man weiß, jeder Selbsttäuschung zugänglich. Oder ist am Ende die Wahrheit selbst auch nicht so einfältig, wie es den Anschein hat?

Wir haben – auch das ist ein Tatbestand – so viele Todgeweihte noch einmal zum Leben zurückkehren sehen, haben so viel überraschende Wendungen erlebt, daß wir uns, schon von daher gesehen, in der Zurückhaltung üben sollten, eben um der Wahrheit willen. Wir werden weiter bedenken müssen, daß es eine Art gibt, Menschen die Wahrheit an den Kopf zu werfen, die nichts anderes ist als dies: daß man sich selbst seine eigene Aufrichtigkeit bescheinigt. Damit wirkliche Wahrheit entstehe, braucht es ein Ich und Du, einen geschlossenen Stromkreis. Daraus folgt: daß man hier sich Zeit lassen muß, wachsen lassen muß, was ernst und lautlos wächst: das Wissen um den nahenden Abschied. Die Lüge aber ist uns verwehrt, und der ausweichende Bescheid sei darauf geprüft, ob er nicht nahe bei der Lüge wohnt. Es ist die Achtung vor dem Menschenbild, die uns hier in Pflicht nimmt. „Bestelle dein Haus, denn du mußt sterben." Es heißt, den Menschen ernst nehmen, ihn verstehen als einen, der sein Haus zu bestellen weiß, wenn man ihn dieses Anrufs würdigt. Nur gehört zu diesem Wort ein ganzer Lebenszusammenhang, und darum ist auch die Frage: Soll man die Wahrheit sagen? nur so zu beantworten: man soll „aus der Wahrheit sein", man soll, in welchem Raum auch immer, dringlich darauf bedacht sein, den Täuschungen zu entfliehen. Und man soll wissen, daß es schwer ist, dergleichen im Sterbezimmer erst noch zu lernen. In die letzten Gespräche, die Augustinus mit seiner Mutter geführt hat, des nahen Abschieds gewiß, tönt nicht nur das Meer bei Ostia vor Rom herein; was hier tönt, ist der volle, heilige Klang aus der Wahrheit.

Das andere Hauptstück: aus der Liebe zu sein. Das ist zunächst, ganz dem Wortlaut nach, das einfältig reine Da- und Zur-Stelle-sein. „Es standen aber bei dem Kreuze Jesu ...", heißt es in der Karfreitagsgeschichte, und dann folgen, wie man weiß, die Namen einiger Frauen. Sie haben dort nicht gepredigt; sie vermochten dort keinen anderen seelsorgerlichen Dienst zu tun als den einen, daß sie – erschrocken oder unerschrocken – aushielten. Und gerade das war viel. War genug, um einen von den großen Adelsbriefen der Menschheit zu empfangen, wie er ausgestellt und gesiegelt ist in diesem Wort des Evangeliums. Es gehört zur Weisheit der letzten Stunde, daß man sich nicht fürchtet, zu wenig zu tun, wenn man nicht mehr tun kann als die Frauen am Kreuz: da sein. Man wird an einem solchen Platz auch etwas von der Bitternis der Armut erfahren, etwas von der Grenze unsres Vermögens, etwas von der Wahrheit aus Luthers Wort: „Ich werde dann nicht mehr bei dir sein noch du bei mir“ – aber gerade auch diese Erfahrung wiegt schwer. Scheue dich nicht – so würden wir gerne dem tatkräftigen Menschen, der unermüdlichen Schwester zurufen – in solchen Kammern mitunter einmal nichts hergeben zu können als deine Zeit, deine Strahlung, das Wort östlicher Weisheit: „Beim Nichtstun bleibt nichts ungetan.“

Die tätige Liebe fürchtet sich nicht, wenn sie in der letzten Stunde auf das Wort beschränkt wird. „Nur Wort?“ denken wir. Aber das braucht kein „nur“ zu sein. Das Wort ist reich. Auch das arme Menschenwort. Es kann das Wort des Dankes sein, der Versöhnung, der Freude, und auch das Wort des Abschiedsschmerzes mag seine Stelle finden. Aus den Ketten der Stummheit erlöst, sprechen Eheleute miteinander, sprechen Kinder mit den Eltern und Eltern mit den Kindern, sprechen Liebende und Freunde, sprechen Feind und Nicht-mehr-Feind. Und schon erhebt sich das Wort, wie ein Vogel sich erhebt, und wird zum Wort des Gebets. Und kehrt zurück als das Wort aus der Welt Gottes, als der Trost des Psalters, als die Verheißung Jesajas, als Jesu Friedensgruß. Wer einen von den großen, heiligen Texten, die uns überliefert sind, lesen kann, der lese ihn hier laut und frage sich nicht, ob der Wanderer, der da drüben auf seinem Lager sich zum Gehen rüstet, ihn noch versteht. Es ist in diesen Worten etwas, das über große Entfernungen hin hörbar wird. Und wenn man doch auch an diesem Platz etwas von der Dunkelheit, von der Undurchdringlichkeit mancher Mauer erfahren muß, von der unerreichbaren Einsamkeit auch, in der wir voreinander verharren bis zum letzten Hauch, so soll uns diese Erfahrung nicht reuen. Es gehört zur Weisheit der letzten Stunde, daß man sich von ihr in die Liebe einweisen läßt, die wir für alle die vorletzten Stunden unsres Lebens füreinander brauchen.

Endlich aber findet der tätige Sinn in letzten Stunden oft genug nicht wenig zu tun. Wir denken an die Aufmerksamkeiten und Linderungen, die man bis zuletzt einander erweisen kann, an Geschenke der Liebe, die nicht rechnet, an die Salbe von Bethanien in immer neuer Gestalt. Und nicht geringeren Ranges: an die Geduld, an die Ausdauer, an die Treue der letzten Liebesdienste. „Ich hatte nie ein Glas mit köstlicher Narde, das ich hätte zerbrechen können“, sagt die alte Stationsschwester mit den vielen Falten in der Stirn und den dunkelgewordenen Augen, „ich habe nur immer rissigtrockene Lippen befeuchtet, und Schleim und Speichel habe ich weggewischt.“ Und die Ewige Liebe erwidert: „Es ist gut.“

Das ganze Erschrecken, das uns, Gehende und Bleibende, an der Grenze zwischen Leben und Tod umfängt, hat Matthias Claudius in seine Strophe von des „Todes Kammer“ eingesenkt:

„Ach, es ist so dunkel in des Todes Kammer,
Tönt so traurig, wenn er sich bewegt
Und nun aufhebt seinen schweren Hammer
Und die Stunde schlägt.“

Aber nun fährt er fort, und wohlbedacht folgt dieser zweite Vers dem ersten unmittelbar:

„Die Liebe hemmet nichts. Sie kennt nicht Tür noch Riegel,
Und dringt durch alles sich;
Sie ist ohn Anbeginn, schlug ewig ihre Flügel,
Und schlägt sie ewiglich.“

Die Weisheit der Gehenden

Die Weisheit der letzten Stunde als die Weisheit der Gehenden: Was ist's, das sie sich selbst schulden und uns, ihren Nachfolgern, die von ihnen, soweit ein Mensch es vermag, das Sterben lernen sollen? Dies: daß diese letzte Stunde nicht im leeren Raum hänge, daß sie vielmehr in kräftiger Verbindung stehe – rückwärts und vorwärts.

Rückwärts. Zuweilen, am ernsten Tag oder in schlafloser Nacht befällt sie uns ja, die Frage nach den unzähligen Stunden unsres schon dahingegangenen Lebens. Wo sind sie? Wir möchten, daß sie unverloren seien. Wir möchten, daß das Beste, was in ihnen war, bleibe. Aber was war das Beste? Kaum vier Wochen ungetrübten Glückes meinte der alte Goethe aus achtzig Lebensjahren sich keltern zu können. Ja – aber dann doch vier Wochen! Und diese vier Wochen so als Essenz im ganzen wirksam, daß er in einem Dankgesang, ganz zuletzt, schreiben mochte: „Wie es auch sei, das Leben, es ist gut." Und was werden wir zu sagen wissen? Auch uns ist die Sonne aufgegangen, auch uns hat das Sommerfeld gegrüßt und der schwarze Wald, auch uns das Liebesantlitz und der Kinderblick; auch uns ist eine tapfre Tat begegnet und eine Tat der Güte. Auch uns hat der Vers eines Dichters entzückt, der Ton einer Violine, das Spiel des Menschengeistes auch uns. Aber nun müssen wir um der Wahrheit willen fortfahren: wir haben brennende Städte gesehen und Menschen im Sog des Feuersturms wie lebende Fackeln; wir haben Häftlinge ihre Elendsstraße ziehen sehen, und ihre feisten Peiniger trugen Reitpeitschen wie einen Schmuck. Und da darf die Rechenschaft nicht zu Ende sein. Wir müssen sagen: wohl, es mag sein, daß auch uns einmal etwas geglückt ist, daß einmal etwas Rechtes geschehen ist durch uns, aber wahr ist auch: daß Böses geschehen ist durch uns. Auch wir haben zerstört: Glück, Frieden, Freude. Wie möchte nun das geschehen, daß uns in der letzten Stunde das Beste bleibe, so, daß wir das Freundliche behalten und das Arge vergessen? Wenn man's nur könnte! Wenn uns nur nicht gerade die Schuld wie ein Klotz am Bein durchs Leben hin so bittertreulich verfolgte! Nein, wir müssen es uns sagen: dies, daß wir zuletzt danken können, gelingt nicht als das Exempel einer wunder wie gewitzten Rechenkunst, die Bös von Gut abzieht, sondern als das Exempel des Glaubens. Des Glaubens nämlich, daß es Gottes Gnade ist, die scheinen läßt die Sonne über Böse und Gute, über unser Gut und Bös, des Glaubens an die Vergebung der Sünden. All das Erreichte und all das Unerreichte, die Bestrebungen, die Erfahrungen, die Enttäuschungen, die Kümmernisse, die Siege, die Niederlagen: es würde uns nicht gelingen, in dieser wirren Fülle einen Sinn zu sehen, wenn es nicht den Sinn der Verheißung gäbe: „Ich habe dich je und je geliebet."

Ist aber dieses „je und je geliebet" die Wahrheit unsres Lebens, dann werden wir wohl auch des Zusammenhangs der Jahre und der Wege gewahr, und selbst die Umwege schelten wir nicht.

So weiß sich die letzte Stunde in Verbundenheit mit den tausend und vielmal tausend Stunden, die ihr vorausgingen. Im Erntetag leben sie alle: die Frühstunden der Saat, die Mittage der Mühe, die Müdigkeiten der abendlichen Rückkehr und die Sorgen der Nacht. Der wohlverdiente Ertrag, nun tritt er vor die Seele, und besser noch, tiefer noch, das Unverdiente, das mitteninne wohnt. Der Abschiednehmende darf danken. Er darf – der schöne Ausdruck umschreibt die Aufgabe genau – „das Zeitliche segnen".

Wohin gehen wir?

Die andere Bindung, welche die letzte Stunde davor bewahrt, im leeren Raum zu hängen, ist die Bindung nach vorn. „Wohin gehen wir denn?" Mitten im wachen Tag steht sie plötzlich vor uns, die Novalisfrage, die Frage des Wanderers. Und die Antwort ist bald gesagt: dem Grab entgegen.

Das ist der Augenschein, und wie sollten wir nicht davor erschrecken? Dieses Erschrecken ist in der Welt, und alle die vielen Unsterblichkeitswünsche, die auch in der Welt sind, sie sind wie Wege der Flucht aus diesem Erschrecken. So träumt der eine die Unsterblichkeit der Ahnen- und Enkelreihe und der andere die Unsterblichkeit des Vaterlandes; ein dritter die Unsterblichkeit im leichtgezimmerten Haus einer großen Idee, und wieder einer die Unsterblichkeit im Nachruhm.

Es ist die Weisheit der letzten Stunde, diese Träume nicht zu träumen. Denn diese Träume alle greifen zu hoch und doch auch wieder nicht hoch genug. Sie wagen zuviel und wagen zuwenig.

Wie das? Sie wagen zuwenig, indem sie das eine preisgeben: das Geheimnis der Person. Und sie wagen zuviel, indem sie hoffen, dem Tod ein weniges abhandeln zu können. Aber hier geht es nicht um Rechenkünste und Exempel der Handelspraktik, sondern um das Exempel des Glaubens. Es geht nicht darum, zu feilschen: neun Zehntel dem Tod, ein Zehntel nicht dem Tod. Nein: der Tod ist groß, und seine Arbeit ist ganze Arbeit. Durch die nüchterne Strenge, mit der das ausgesprochen wird, scheidet sich die Christenheit von den Träumern der Unsterblichkeit. Und wieder: in der nüchternen Strenge, mit der das ausgesprochen wird, begegnet sich die Christenheit mit denen, die dem Tod das unwiderruflich letzte Wort geben. Aber freilich: nicht auf eines Augenblickes Länge können Hoffnungslosigkeit und Ewigkeitshoffnung zusammengehen. Ja, der Tod ist groß, und seine Arbeit ist ganze Arbeit; auf eine Art von Gewaltenteilung läßt er sich nicht ein. Aber – und nun erst beginnt das Credo der Christenheit: credo carnis resurrectionem, vitam aeternam. Ich glaube die Auferstehung in Person, ein ewiges Leben. Wie hebt das alte Lied an? „Es ist ein Schnitter, heißt der Tod, hat Gwalt vom großen Gott." Ja, „hat Gwalt": ganze Gewalt; aber „vom großen Gott", das ist: geliehene Gewalt. Gewalt, die ihm – auf Zeit – ganz gegeben ist und die ihm ganz genommen wird. Er weiß ganz zu rauben: Leib und Seele – und muß den ganzen Raub wieder hergeben: Seele und Leib. Und das: weil und wann und wie es Gott gefällt.

Dies: nicht mehr, aber auch nicht weniger als dies, meint die Bindung vorwärts, in der die letzte Stunde davor bewahrt ist, im leeren Raum zu sein. Schattenstraßen, Geisterstimmen, Ahnungen, spirits? Sie seien oder sie seien nicht – wozu das Herz daran hängen? Credo.

Dieser Verzicht und dieser Glaube gibt der letzten Stunde ein eigenes Gewicht. Ein eigenes Schwergewicht. Es ist, gerade auch für den Christen, alles wahr, was die Totentänze vor Augen malen: der Schrecken, der Abschied, die Einsamkeit, die Traurigkeit, der Ernst der Rechenschaft und der Waage im Gericht. Zugleich aber bekommt die letzte Stunde, und auch das Leben auf *diese* letzte Stunde hin, eine eigene Schwerelosigkeit.

Worte des Abschieds

Die Worte der letzten Stunde haben eine besondere Würde. Nicht von der Art, daß „Letzte Worte“ gesammelt werden sollten; welches unter den Worten des Abschieds nun gerade das allerletzte ist, das entscheidet oft genug ein äußerer Umstand. Für sich genommen und gebündelt, geben „Letzte Worte“ doch wohl wenig Aufschluß über den Menschen im Abschied. All unsre Worte, die ersten und die letzten, stehen im Gericht, und durch alle kann die Freundlichkeit Gottes etwas Wesentliches wirken.

Aufmerksam jedoch würde ich betrachten eine Sammlung „Letzte Antlitze“. Ich würde in jedes einzelne Totenantlitz blicken und nach der Summe fragen, wohl wissend, daß sie nicht zu errechnen ist. Niemand, der unsre Tage durchlebt hat, vermag das Löwenantlitz der Ricarda Huch im Tode zu vergessen, und zu großem Trost haben viele in das Totenangesicht des Kardinals Galen geblickt. Aber auch hier gilt, was von den Worten zu sagen war: viele Angesichter sind da in jedem einzelnen, und durch das früheste und durch das späteste blickt das Menschenungenüge; aber das erste und das letzte und alle zwischen dem ersten und dem letzten tragen das Zeichen aus Hagars Wort: „Du, Gott, siehest mich.“

Dunkle Schritte

Ein eigenes Wort muß gesagt werden über die Wahrheit der letzten Stunde in drei besonderen Fällen; Fällen, wie sie der Geschichte der Menschheit zugehören seit Anbeginn, wie sie nun aber in einem Kursus von ungeheurer Gründlichkeit unsrem Geschlecht vorgestellt worden sind. Gemeint sind: der Selbstmord, die Hinrichtung und die Euthanasie.

Alle Besinnungen auf den Selbstmord führen im Kreis umher, und unausweichlich kehrt wieder und wieder das Wort: „Unser keiner lebt für sich selber." Auch die ganz innerweltlichen Aussagen, die wirklich Gestalt gefunden haben – wie etwa das „Requiem" von Rainer Maria Rilke –, verharren in der bitteren Monotonie:

„Daß du zerstört hast. Daß man dies von dir
Wird sagen müssen bis in alle Zeiten."

Auf dieser Grunderkenntnis unsrer Verantwortlichkeit und unsrer Zusammengehörigkeit ruht einer von den Pfeilern der Welt, und das Nein zum Selbstmord ist unerschütterlich. Aber wenn wir an die letzten Wege des Dichters Jochen Klepper und des Musikers Hugo Distler in jenem dunklen Winter des Jahres 1942 denken oder wenn wir denken an die Männer und Frauen, die sich der schlimmsten Folter mit all ihren Folgen (der Folge zum Beispiel: durch erpreßte Aussagen andere zu belasten) nur dadurch entziehen konnten, daß sie Hand an sich legten – wie können wir da richten? Wie könnten wir da auch nur – urteilen? Wenn Urteil gewagt wird, so muß das Urteil aus der Weise gehen, die Reinhold Schneiders unvergeßliches „In memoriam Jochen Klepper" andeutet: „Die Schuld ist aller, unser das Gericht ..."

Die beiden, deren Namen hier stehen, Jochen Klepper und Hugo Distler – und ihnen gleich nicht wenige, deren Namen verborgen sind –, sie haben in ihrer letzten Stunde das Neue Testament und den Lobgesang der Christenheit bei sich gehabt, und niemand wird einen Widerspruch empfinden zwischen dem Verlangen nach dieser Gegenwart des Immerwährenden und der Notwendigkeit, den dunklen Schritt aus diesem Hier und Nun hinaus zu tun. Wir maßen uns nicht an, eine einzige Chiffre, wie sie das Antlitz auch dieser Sterbenden uns vorhält, wirklich zu entziffern ... Gewiß ist nur: es wird die letzte Stunde derer, die nur diesen Ausweg sehen, kaum je einmal eine geringe Stunde gewesen sein: höhnisch und wie einen Bettel, ohne Rechenschaft, ohne Sorge, wirft nicht leicht einer sein Leben weg.

Worin sich die letzte Stunde, die einer Hinrichtung vorangeht, von fast allen sonstigen Stunden unterscheidet? In dem, daß hier alle Gnadennarkose fehlt. Sogar der Selbstmörder ist doch wohl, wenn wir das richtig beurteilen können, nicht im vollen Sinn des Wortes „bei sich". Der Häftling dagegen: das ist oft genug ein völlig gesunder, durch die Zeit der Haft in seinem Lebenswillen keineswegs gebrochener Mensch, ein Kräftebündel aus Drang und Trieb. Und er wird zu irgendeiner, von fremder Macht bestimmten, ihm selbst mindestens doch zwei Stunden vorher bekannten Minute vom Leben zum Tod gebracht. Es gibt nun freilich auch da Erfahrungen von Euphorie, von gewaltigem Schutz, von Gottes feuriger Wolke: man denke an die Briefe aus dem Gefängnis Tegel, die Helmuth James

Graf von Moltke im Januar 1945 geschrieben hat –, aber das eigentliche Signet der Stunde ist eine Wachheit ohnegleichen, ein grelles Licht. Es ist eine gesteigerte letzte Stunde, die in diesem grellen Licht zu bestehen ist, sie ist, vorweggenommen, der Tod zu vielen Malen. Und doch kann in Wahrheit von ihr gesagt werden, was von der letzten Stunde des armen Baranowski gesagt ist: „Er hatte rasch ein Stück Leben nachgeholt, und diese letzte Stunde war nicht ganz arm gewesen“ (Albrecht Goes, „Unruhige Nacht“).

Die sogenannte Euthanasie, der staatlich gelenkte Eingriff in den Lebenslauf geistig Gestörter oder unheilbar Kranker, bringt es mit sich, daß der Mensch um seine letzte Stunde betrogen wird. Man wird sich fragen können, ob der hippokratische Eid einem Arzt die Pflicht auferlegt, immer und immer aufs neue durch Kampferspritzen und Sauerstoffzufuhr ein erlöschendes Leben zu verlängern. Daß aber Grafeneck und Pirna und alle die anderen Schandorte Mördergruben genannt werden müssen wie Auschwitz und Buchenwald, das ist gewiß. Wer die Berichte kennt, die vorliegen über den Abtransport der Insassen einer Anstalt, wer es weiß: wie der geplante Mord den Verdüsterten – und wär's nur im Dämmer ihres Daseins – oft genug bewußt geworden ist, der vergißt nicht, welche Schuld sich Machthaber und Funktionäre auf die Seele geladen haben, indem sie den „unnützen Essern“ die Qual einer solchen Stunde im Schattenhaft-Ungewissen bereiteten –, letzte Stunde auf dem Weg zu einem Tod, den sie „Gnadentod“ nannten.

IV

Du bist nicht allein

Ermutigen, beistehen, trösten

Nachbarlich ist alles Leid der Welt.
Denk ein Kind, das plötzlich traurig wird,
Weil sein Ball ins Weißnichtwo verirrt.

Seine kleine Kinderklage fällt
An die Schwelle vor dem Klagetor
Einer Braut, die ihren Freund verlor.

Mädchenstimme, die ins Dunkel geht,
Streifen andre, sprechen: „Wir sind blind,
Müssen schlafen, eh' die Nacht beginnt."

Andre: „wir sind arm" – und eine fleht:
Kann denn nicht, nur eine Stunde lang
Tönen, tönen aller Lust Gesang?

Über alle hin ein Leidwind weht:
Kind, sei stille, Braut, ich höre dich,
Volk der Armen, Irren, Blinden, sprich:

Alles Leid der Welt ist nachbarlich.

Soll und Haben

Sehet den Menschen, den wir begleiten sollen. Wir lassen ihn neben uns her trotten, wir stützen ihn wohl auch, wenn es nötig ist, und wir wissen, wie wir durch ihn von unsrem Weg, dem geradlinigen Weg, an dem uns gelegen war, abkommen. Wir können's nicht hindern, daß uns die Frage beschleicht: lohnt sich der Umweg? Oft genug sind wir versucht, ganz nüchtern und ganz betrübt zugleich, zu antworten: nein.

Aber es gibt einen Antrieb, nicht abzulassen. Er liegt in der Erkenntnis: Gott ist reich.

Du fragst: was hilft mir das? Ich bin nicht reich, mein Vorrat an Kraft ist nicht unerschöpflich. Laß ich mich auspicken wie eine Sonnenblume, so kommt der Tag, an dem ich leer am Wege stehe, man hat Beispiele dafür. Nein, so geht die Rechnung nicht auf. Gott ist reich – das heißt: er kann die Gewinn- und Verlustrechnungen eines Jahres in einer Nacht, in der Nacht seiner Barmherzigkeit korrigieren, Soll und Haben tauschen, eine Stunde segnen, daß sie wie ein Monat zählt. „... und du wirst sein wie ein bewässerter Garten und wie eine Wasserquelle, der es nie an Wasser fehlt" (Jesaja 58,11). Von sichtbarem Lohn ist selten die Rede, und ein mit sich zufriedenes, pralles Gewissen ist wohl kein Lohn, um den es sich lohnt. Gott ist reich. Das glauben können, heißt: nicht die Gabe empfangen, sondern den Geber selbst. Und dein Leben, das lebenslang zu buchstabieren hat an dem Wort „Was hast du, das du nicht empfangen hast?", erfährt, wie es mit ihm zugleich nun ins Weitoffene hinausgeht: was ist, das du nicht empfangen könntest?

Das Amt des Tröstens

Gelobet sei Gott und der Vater unsres Herrn Jesus Christus, der Vater der Barmherzigkeit und Gott allen Trostes, der uns tröstet in aller unsrer Trübsal, daß wir auch trösten können, die da sind in allerlei Trübsal mit dem Trost, damit wir getröstet werden von Gott. *2. Korinther 1,3.4*

Vor mir steht im Geist der Tag vor über sechzig Jahren, der Tag meiner Ordination in der Tuttlinger Stadtkirche, und der mir eben dieses Wort damals zusagte, war mein Ordinator und war mein Vater; zur Rechten und Linken standen die Zeugen dieser Stunde: auf der einen Seite war das Friedrich Höltzel, damals Tuttlinger Pfarrer, nachmals Stuttgarter Prälat, auf der anderen Seite mein Bruder Helmut Goes, der zwei Jahre vor mir in das Pfarramt eingetreten war – und da sollte es nun also für diesen Tag und für alle künftigen Tage gelten, für die im Zeitenlos verborgenen vielen Jahre, die seither vergangen sind, für die tausend Wege auf Kanzeltreppen, für die Wege in die Häuser der Gemeinden, in Krankenhäuser, Kriegslazarette, Gefängnisse, an Taufsteine, Altäre und Gräber.

Das Amt des Tröstens: es traf mich – und es sollte mich ja auch treffen, daß das große, weitgefächerte Amt, in das ich da eingesetzt wurde, mir zuerst in dieser Gestalt vor Augen gestellt wurde. Der Vater, der damals dreißig Jahre Amtserfahrung hinter sich hatte, hätte ja auch vom Amt des Lehrers, vom Amt des Wächters sprechen können. Er konnte nicht wissen, wir alle konnten nicht wissen, daß das halbe Jahrhundert, das damals noch vor uns lag und das jetzt hinter uns liegt, in der Tat große Aufgaben auf dem Felde des rechten, wahren Trostes stellen würde.

Es ereignete sich, das war an jenem Märzmorgen uns noch so verborgen, wie alles künftige Lebenslos verborgen ist, verborgen wohl, doch nicht zufällig –, daß ich im zweiten Dienstjahr in das Stadtvikariat der Stuttgarter Martinskirche versetzt wurde und daß damals zu diesem Amt der ständige Dienst am Krematorium des Pragfriedhofs gehört hat; daß ich also zwei-, dreimal in der Woche vor einer Gemeinde von Unbekannten, die – etwa aus Waiblingen, Lorch oder Schorndorf – hierher zur Feuerbestattung eines Angehörigen gekommen waren, ein Abschiedswort zu sprechen hatte; und da las ich dann – das war in jenem Jahr die ständige Mitgift meiner Tage – in den Danksagungen, daß man „dem Herrn Stadtvikar für seine trostreichen Worte" danke. Das war lieb und gut gemeint; aber man wird verstehen, daß ich diese Wendung bald nicht mehr lesen, hören, bald nicht mehr ausstehen konnte; daß ich mit großer Leidenschaft von allen diesen Abschiedsworten wegdrängte zu den Urworten, zu Luthers „Christ will unser Trost sein"; zu Paul Gerhardts „Aller Trost und Freude / ruht in dir, Herr Jesu Christ"; ja, nicht nur dies, sondern daß mir die in unsre Hand gegebene Sache, etwas Tröstliches zu finden, verdächtig wurde, daß ich, mit der Wünschelrute ausgehend, einen heftigen Ausschlag spürte, wenn ich in Luthers Thesen fand: „Hinweg also mit allen den Propheten, die dem Volk Christi sagen: Friede, Friede, und ist kein Friede", – und heftig auch zusammenzuckte bei dem Wort einer Nonne des Mittelalters; „Weh denen, die getröstet sind."

„Weh denen, die getröstet sind": das soll ja heißen: weh denen, die zu früh, zu rasch, oder die falsch getröstet sind, und das schlüge nun sogleich auf uns, auf die „Tröster vom Amt" zurück: daß sie am Ende falsche, im Buch Hiob steht: „leidige" Tröster sein können – oder sind.

Falscher Trost – hieße das: oberflächlicher Trost? Also etwa „heile, heile Segen", wenn es nun eben wirklich nicht um „drei Tag Regen, drei Tag Schnee" geht. Oder: ernster gesprochen: hieße das: es wird schon nicht so schlimm sein?

Hier ist Achtsamkeit geboten. Kein Satz ist von vornherein falsch, kein Satz ist von vornherein richtig. Ein Kindertrost kann auch einmal richtig sein, ich höre noch den pommerschen Tonfall der Kinderfrau meiner Kindheit: „Weine man nicht, im Ofen stehn Klöße, du siehst sie nur nicht ..." Aber – die Bürger jenes Dorfes, die einen furchtbaren Schergen als Bürgermeister hatten und sich und ihn mit dem Satz betrogen, es werde das alles so schlimm nicht mehr sein, da werde Gras drüber wachsen, waren tief im falschen Trost. Es ist nicht halb so schlimm, es ist viel, viel schlimmer – und Rahel weint um ihre Kinder und will sich nicht trösten lassen, sie darf sich, wenn wir das Wort recht verstehen, sie darf sich nicht trösten lassen.

Glauben, verkündigen kann ich, wenn ich im ernstesten Ernst gefragt werde, doch nur dies: daß ich vertraue: daß die Ewige Liebe wahr und wirklich ist, und: daß ich in ihr sein darf.

Wo sein darf? Im Lobgesang des achten Psalms: „Was ist der Mensch, daß du seiner gedenkest / und des Menschen Kind, daß du dich seiner annimmst?"

Erstes Sterben

Der Vikar ist das Kind der Gemeinde – das will sagen: ihm, der seine ersten pfarramtlichen Gänge in die Dörfer hinaus tut, sonntags die Predigt hält, ein wenig stockend und ein wenig mutig, werktags den Kindern biblische Geschichten erzählt und nach den Kranken sieht, ihm kommen sie alle entgegen, einen Schritt, drei Schritte und viele Schritte, wie man einem Kind entgegenkommt: in der Liebe. Und wenn ihn etwas hindurch zu tragen scheint durch diese ersten Wochen, da es Fuß zu fassen gilt, so möchte es wohl diese Liebe sein. Tagebuch zu führen über diese Liebe – er hat keine Muße dazu; die Augen nur, ehe sie sich abends schließen, haben Tagebuch geführt, farbiges Bilderbuch: so also sehen Bauernhände aus; so das Angesicht einer alten Frau; so eine Dorfschöne, die sich beim Küssen überraschen läßt; so ein verjagter Heimatloser, ein geprügelter Bursch, den niemand sehen will; so eine junge Mutter, wenn sie über die Wiege hin spricht. Noch fehlt ein Bild: der Tod. Der Vikar ist ein Stadtkind. Wäre er's nicht, so wüßte er vom Tod, was hierzulande alle von ihm wissen, was aber in der Stadt hinter Vorhängen und Türen, Riegeln und Zellen verborgen bleibt: wie so ein Totes in seinem Kissen liegt, bleich, würdig und sehr still. Nun freilich, da er ein Sohn dieser Dörfer geworden ist, wird es auch zu ihm kommen, dieses Bild; es wird nicht allzulange auf sich warten lassen, der Tod geht reihum. Einmal wird er hier wieder einkehren. Aber bis dieses eine Mal vorbeigehen wird? So ist es denn wahr: der Vikar fürchtet sich davor, und zugleich wartet er darauf. Und durch den ganzen Sommer hindurch bleibt es so: furchtsames Warten. Bis es dann in einer Nacht plötzlich kommt, so kommt, daß zu irgendeiner Stunde – es mochte allerfrühester Morgen sein – einer an sein Fenster klopft: Herr Vikar, einen Gruß, und ob sie nicht noch zur Mutter kommen könnten, sie sterbe. „Ja, gleich, im Augenblick." Er schließt das Fenster, faßt nach den Kleidern – Licht zu machen scheut er sich, er weiß nicht warum –, er weiß nur: jetzt kommt es also, jetzt ist es da. Schon ist er auf der Straße draußen und grüßt den Mann, einen Alterskameraden, und dann gehen sie. Sie haben eine halbe Stunde Wegs. Das Licht in der Stallaterne schwankt hin und her, hin und her auch schwanken die Gedanken: nun würde man bestehen müssen auf eine neue Weise. Auf welche Weise? Man müßte etwas sagen, etwas tun: wunderlichen Schritt in unbekanntes Land. Unterdessen spricht der Mund, fragt, antwortet; und die Zeit vergeht. Hier ist der Hof. Ein Hund schlägt an. Jetzt treten sie unter die Tür. Es ist ein dunkles Zimmer, das sie betreten, der Lichtkreis und die Petroleumlampe ist klein, aber die Sterbende liegt ganz im Licht. Sie ist eine Frau in den sechziger Jahren, grau, gescheitelt und dunkeläugig, eine Verlöschende. „Mutter, der Herr Vikar ist gekommen", sagt das junge Weib, das die Männer beim Eintritt stumm gegrüßt hat, und die Bäuerin erkennt: „So, der Herr Vikar." Dann ist Stille.

Wir hören den Atemzügen zu, friedlichen Atemzügen. Ein Wind geht ums Haus, eine Frucht fällt ins Gras. Und wieder: Stille. So ist es also, denkt der Vikar. Ich sollte etwas tun, denkt er, etwas sagen. Warum sagt er nichts? Wovor fürchtet er sich denn? Fürchtet er sich vor dem Tod?

Von Zeit zu Zeit steht die Tochter auf, wischt der Mutter den Schweiß von der Stirn, bleibt wie prüfend eine Weile stehen; fürchtet sie sich nicht vor dem Tod? Ist sie noch bei sich: sie richtet sich ein wenig auf, und nun sagt sie: „Bitte, beten." Der Vikar weiß plötzlich, wovor er sich gefürchtet hat vorhin; er hat gefürchtet, seine eigene Stimme zu hören, hier im gleichen Raum, wo schon der Tod zuhört. Er hat sich gefürchtet, aber nun ist es nicht furchtbar; nichts dünkt ihm glaubwürdiger, nichts wirklicher als diese von weit her kommende Stimme: „Bitte, beten." Er weiß nicht, daß es seines Amtes ist, bei Sterbenden zu beten; er kommt sich nur vor wie ein Kind, das aufgerufen ist. – Und so betet er denn. Es sind die Worte eines alten Sterbeliedes. Vor Jahrhunderten hat's einer gebetet, und tausend nach ihm haben gemerkt, daß es recht ist, recht in seinen Worten, seinem Tiefgang, seinem Zusammenklang. Gericht ist darin und Erbarmen, Not und Ende der Not. „Amen." Und „Amen" sagen auch Sohn und Tochter – und nun flüstert die Sterbende: „Amen." Es geht auf den Morgen zu. Ein dunkles Blau vor den Fenstern kündet ihn an; Müdigkeit fällt uns über die Augen. Aber da gehen mit einem die Atemzüge der Sterbenden rascher, und nun hat keines Zeit, an sich zu denken. Wir treten ganz nahe herzu. Und so zart kann kein Morgenwehen sein wie nun der letzte Hauch. Eine Weile noch verharren wir, horchend, wartend; worauf denn wartend? Dann geht die Tochter ans Kammerfenster und öffnet die Flügel weit.

„Nein, die Laterne ist nicht nötig, es ist ja bald Tag." Er geht allein zurück. Einmal würde er aufhören, Kind der Gemeinde zu sein, dann wäre es wohl auch die Liebe nicht mehr, die ihn trüge, wie sie Kinder trägt. Denn nun würde er das neue Wort wissen: daß ihn die Botschaft tragen würde, ihn und die Lebenden und Sterbenden um ihn, die gute Botschaft.

Du bist nicht allein

Die Gottesgeheimnisse sind wie eine Nuß in unsrer Hand, und wenn wir wüßten, was wir sagen, so könnten wir es genug sein lassen mit dem Satz, der in Luthers Morgen- und Abendsegen am Anfang steht: „Das walte Gott Vater, Sohn und Heiliger Geist“ und wir hätten alles vom Trost gesagt, was gesagt werden kann.

Um aber nun nicht die unaufgeklopfte Nuß zu geben, versuche ich, ein paar Sätze zu sagen, die das Geheimnis vielleicht ein wenig uns deuten und anschaulich machen können.

Es ist tröstlich – so lautet der erste Satz –, daß du gerufen bist, um für dich du zu sein.

Und der zweite Satz lautet: Es ist tröstlich, daß du gerufen bist, um nicht nur für dich du zu sein.

Es ist tröstlich, daß du gerufen bist, um für dich du zu sein: keine Trompetenbläser, keine Leute der Siegfanfare kommen uns in den Sinn, wenn wir uns an den Satz herantasten. Ich will zwei Namen nennen. Gerhardt, den Mann, der alles, was er sagte, auf der Rückwand des Dreißigjährigen Krieges gespiegelt sah – aber er schreibt: „Habe Dank, du milde Hand, die du von dem Throne / deines Himmels mir gesandt diese schöne Krone / deiner Gnade, die noch grünt, / die ich all mein Tage / niemals hab um dich verdient / und doch freudig trage.“ Und dann: Matthias Claudius: „Ich danke Gott und freue mich / wie's Kind zur Weihnachtsgabe, / daß ich bin, bin, bin! Und daß ich dich / schön menschlich Antlitz habe.“ Freilich: wer nun nicht wohlauf ist und gesund und wer nicht „schön menschlich Antlitz“ hat? Ist das Lied schon zu Ende, ehe es begonnen hat?

Und wie ist es mit dem alten Chassid, dem schon eingangs zitierten Rabbi Sussja? „In der kommenden Welt wird man mich nicht fragen: warum bist du nicht Mose gewesen? Aber man wird mich fragen: warum bist du nicht Sussja gewesen?“ Der Satz hat etwas Tief-Erschreckendes. Er spricht davon, daß ein Mensch sein Stichwort nicht hört, sein Bild nicht verwirklicht. Aber es liegt auch etwas Tröstliches auf dem Quellengrund dieses Satzes: das Tröstliche, daß du eben gerufen bist – wie wir sagten –, für dich du zu sein. Du sollst nicht Oboe spielen müssen, wenn du munter Skat spielen kannst. Du sollst nicht schöne Gstanzerl zur Fastnacht machen wollen, wenn dir ein ernster Brief an dein Sorgenkind in der Ferne gelingt. Du sollst wirklich um Gottes, deines Schöpfers willen, nicht gegen dich wüten.

Trost braucht nicht immer eine linde Hand oder ein Streichelwort. Es gibt den strengen Trost: „Was ist der Mensch ...?“ Wie denkst du nicht dankbar an die Mühe, die sich die Ewige Liebe mit dir gegeben hat? Weißt du nicht, daß es dir geboten ist, den anzunehmen, den Gott angenommen hat, des Menschen Kind, dich?

Aber nun hören wir noch einmal den zweiten Satz: Es ist tröstlich, daß du gerufen bist, nicht nur für dich du zu sein.

Daß du, gebend und nehmend, nicht nur dir gehörst. Über einem Brunnen steht die Inschrift: „Wie schön und einfach ist mein Leben: Geben, immer nur geben.“ Das ist Brunnenweise – nicht Menschenweise. Menschenweise ist: am Du und Ich zu erstarken. Wir leben davon, daß wir uns nicht rar machen – und davon, daß wir vom Andern leben dürfen, wie man vom Brot lebt. Da ist keine Scheidung in Räumen und Zeiten; das geht allstündlich ineinander über:

„Glück wohl, des Nehmens Glück / und größer noch / des Gebers Glück, dies: daß der Nehmer nahm". Auch die Ewige Liebe selbst nimmt, wo sie von ihrem Trost spricht – durch Prophetenmund spricht – menschliche Gleichnisgestalt an: „Ich will euch trösten, wie einen seine Mutter tröstet." Denke keiner von sich so, daß nicht auch er berufen und berechtigt sei, vom eigenen Leben zu geben. Es ist irdisch Brot, und vielleicht ist es trocken Brot, und am Ende sind Schimmelfäden darin. Wenn die Stunde es so will, kann es sein wie der Engel Brot.

Christus selbst ist es, der uns bürgt für diese Trostbotschaft, ja, in dem sie recht eigentlich wahr wird. Er ruft den, den er ruft, unauswechselbar, als das Ich, das an diesem Du, das ihn ruft, recht zum Ich wird. Matthäus am Zoll, Petrus im Schiff, Nathanael am Feigenbaum. Er ruft sie in ihr eigenes Los. „Wenn ich will, daß er bleibe, bis ich komme, was geht es dich an?" wird von dem einen zum anderen, von Johannes zu Petrus gesagt, – und zu Petrus dann dies: „Folge mir nach!"

Und er ruft sie als der, der nicht für sich da ist, der ihrer aller Diener ist und der ihnen das Beispiel gegeben hat, daß sie tun, wie er ihnen getan hat. Der Schurz und das Wasser im Becken der Fußwaschung ist uns vor die Augen gestellt als eine Aufgabe, ein Exempel vom rechten Trost: du bist nicht allein.

„Gelobet sei Gott, der Vater unsres Herrn Jesus Christus, der Vater der Barmherzigkeit und Gott allen Trostes" – im Urtext heißt es, er sei der „Vater der Barmherzigkeiten"; in dem Plural „Barmherzigkeiten" wird es vor uns offenbar: daß es so viele „erbarmungswürdige Existenzen" gibt und darum so viele Weisen, Erbarmen zu zeigen: mit den Unterdrückten, die es so nötig haben, und mit den sicheren Leuten, die ein eigenes Erbarmen brauchen.

Der Gott allen Trostes: in der Frage I des Heidelberger Katechismus wird einfältig gefragt: „Was ist dein einiger Trost im Leben und im Sterben?“ – und einfältig geantwortet: „daß ich in beiden, im Leben und im Sterben nicht mein, sondern meines Herrn Christus Eigentum bin.“ An dem Tag, an dem wir das so glauben und bezeugen können, haben wir nichts mehr zu fragen. Aber auch auf dem Weg zu dieser letzten Geborgenheit sind wir nicht trostlos allein. Der uns „Augen, Ohren und alle Glieder, Vernunft und alle Sinne gegeben hat“ weist vielfältigen Trost im Unterwegs. Den Regen im dürren Land, „eine gelbe Krokusblüte, / einer Wolke Frühlingszug“, Mozarts Musik und nicht nur Mozarts Musik. Einen Scherz, der uns lächeln oder herzlich lachen macht, und dann also wirklich auch einmal das „Heile, heile Segen“.

Wenn ich so im Rückblick an dieses Amt denke, in das ich eingesetzt wurde, das Amt des Tröstens, so sag ich zuletzt: die Tröster reden, wie sie's verstehen, unweise und weise. Das Beste, was sie tun können, ist, daß sie sich mit denen, die ihnen anvertraut sind, geborgen wissen im „Anschaun ewger Liebe“, in dem „Atem aus der ewgen Stille“, die heißt: „Vater der Barmherzigkeit und Gott allen Trostes.“

Bereitschaft

Sieh, sie brauchen irgendeinen,
Der dabei ist in der Nacht,
Wenn ihr weher Atem wacht
Und sie einsam sind und weinen.

Sieh, sie müssen einen finden,
Der sie schon im Schweigen kennt,
Der, eh man die Wunde nennt,
Schon am Werk ist, zu verbinden.

Glaubst du, Herr, ich könne lesen
Mit der armen Augen Kraft,
Wo sie krank sind und genesen?

Sieh, ich möchte mich verteilen,
Wie ein Becher seinen Saft –
Heiland, gib ihm Kraft zu heilen.

Sonnenaufgang

Ich will euch trösten", spricht der Herr. Gott tröstet, und so kann keiner ins „Amt des Tröstens" versetzt sein, er habe denn die Leihgabe Gottes und sie allein. „Wie einen seine Mutter tröstet ..." (Jesaja 66,13). Daß die Mütter vielerorts die Väter ersetzen müssen, das ist unser besonderes Los. Und die Frage, ob die Mütter durch diese Pflicht nicht überfordert werden, bleibt Frage vor uns. Aber dies erfahren die Mütter als Antwort: daß Er, der Ewige Vater, auch Mutter sein kann, sein will, daß in der Wirklichkeit Gottes Vater und Mutter beisammen sind, daß eines sich zum anderen fügt: „wie Väter sich erbarmen ob ihrer jungen Kindelein" – so in Johann Gramanns Lobgesang – und so bei Paul Gerhardt: „Denn wie von treuen Müttern / in schweren Ungewittern / die Kindlein hier auf Erden / mit Fleiß bewahret werden, / also auch und nicht minder, / läßt Gott uns, seine Kinder, / wenn Not und Trübsal blitzen,/ in seinem Schoße sitzen." Aber nun auch umgekehrt: wir können von dem großen Geheimnis des wahren ewigen Beistands, vom Gottestrost, nicht anders sprechen, als indem wir ihn mit diesen menschlichen Urbildern, mit Vater und Mutter eben, verbünden.

Von diesem Trost getröstet, wagen wir zu trösten: Denke keiner von uns gering von Gottes Verheißung: „Ich will euch trösten, wie einen seine Mutter tröstet": das ist über der Welt wie Sonnenaufgang und wie strömender Regen. Denke aber auch keiner so gering von sich, als könnte nicht auch er – um dieser Verheißung willen – einen Funken des Lichts empfangen, einen Tropfen des heiligen Regens in sein Amt: in das Amt des Tröstens.

Getröstet, getrost

Wie es den Liebend-Geliebten in der Welt geschieht: daß sie alles Geschehnis zusammenführt, weil jeder von ihnen zuerst nicht sich selbst meint, sondern den anderen, weil der andere das eine Wirkliche ist – und es geschieht ihnen trotz der Unvollkommenheit ihrer Liebe –, so erfahren die Beter von der Vollkommenheit dessen, der ihr ewiges Du heißen darf: daß betend ein Land betreten wird, in dem keine Ferne und keine Fremde Dauer gewinnen.

Je älter ich werde, um so mehr zögere ich bei allem, was wie Zuspruch aussehen könnte; oft denke ich: wer rät, stört. Aber mitunter glaube ich dann doch, es könnte geschehen, daß einer, um den der Morgenwind Gottes weht, für einen anderen, ohne daß man dergleichen weiß – eine Ermutigung heißt, also daß der andere, der Erschrockene, ein Neues begreift und anderen Schrittes geht. Anderen Schrittes – das ist: getröstet, getrost.

V

Dem Gottestag entgegen

Tote begraben

Tod und Grab – das ist das ganz Andere, das ganz Fremde, das Unausdenkliche. Freundschaft mit dem Tod? Ich glaube nicht daran. Wir glauben alle nicht daran. Unsere Bräuche gehen auf Verhüllung aus, auf Verschönerung, auf Verklärung, und für einen kurzen Augenblick scheint uns ja der Tod behilflich bei unseren Versuchen. So, wenn er die Spuren des Todeskampfes vom Antlitz des Dahingegangenen tilgt und etwas wie Jugend wiederherstellt, das holde Täuschungsbild des Schlafes. Aber dergleichen geschieht doch wohl nur, um uns, mit Kinderschritten gleichsam, einzuüben in das Geforderte, in den wahrhaftigen Männer- und Frauenschritt, und der ist schwer und heißt: Abschied.

Der tote Bauer

Tut denn, ihr Träger,
wie je ihr getan,
seht, kein Verkläger
hält euch an,
seht, kein Weinender
wehrt dem Gebot,
und kein Verneinender
zürnt diesem Tod.

Neunzigmal fühlen,
wie Frühling tut,
eh man auf kühlen
Kissen ruht,
eh die Beschwerde, die
letzte begann,
nahm dich die Erde, die
mächtige an:

nahm dich, zu dienen
dem Brot und dem Wein,
kühnlich mit ihnen
ein König zu sein,
und es begegnen sich
Schatten und Strahl,
sieh, und sie segnen dich
beide zumal.

Schreiner, die Bretter
wähltest du breit?
Bauernleib, wetter-
und hagelgeweiht,
wuchs, gleich dem einsamen
Eichbaum, im Bund
mit dem gemeinsamen
Muttergrund.

Wuchs: und die Helle
drang ins Gesicht,
starb: Tod ist Schwelle
ins hellere Licht –
was eh in Hüllen war,
hat sich enthüllt,
was zu erfüllen war,
ist erfüllt.

Singet vom Danken,
Knaben im Chor,
Mauern versanken,
hochragt das Tor:
Irdischer Streiter,
todmüd zuletzt,
Bruder, befreiter,
was siehest du jetzt?

Was wir begraben müssen

Was wir begraben haben, wissen wir alle. Die Briefe, die wir entfalten, die Bilder, die wir hervorholen, reden mit eigener Gewalt, und unser Herz darf seine Wege gehen: die „stolze Trauer“ – so hieß es ja wohl – ist ihm nicht geboten, und die Bitterkeit der Fragen ist ihm nicht verwehrt. Der beschwörende Anruf, der das Vaterland und die Toten umschließt, jenes „Dir ist, Liebes! nicht einer zuviel gefallen“, steht bei Hölderlin, nicht in der Heiligen Schrift. Dort steht zum Volkstrauertag nur eben die Bitte der Kreatur: „Fasse meine Tränen in einen Krug“, und die Gewißheit der Antwort: „Ohne Zweifel, du zählest sie.“

Was wir begraben müssen – das erdenkt sich des Menschen Herz nicht von selbst. Von den wahren Grabschaufelpflichten weiß die heimliche, die göttliche Weisheit, jene Weisheit, von der gesagt ist, sie sei besser denn Harnisch (Prediger 9,18).

Im Jahre 1946 traf man im Süden von Berlin zwischen den großen, noch ganz unübersehbaren Gräberfeldern einen Mann, der unermüdlich mithalf bei den schweren, bedrückenden Arbeiten der Umbettung dieser bei den Kämpfen um Berlin Gefallenen: man mußte den fast schon Unkenntlichen, wo es anging, die Erkennungsmarke abnehmen, so vielleicht ihren Namen ausfindig machen, ihren Angehörigen Gewißheit bringen und dann ein neues Grab bereiten. Der unermüdliche Helfer war ein jüdischer Mann, dem in deutschen Lagern viel Leids geschehen war. Gefragt, wieso gerade er hier nun helfe, gab er zur Antwort: „Es muß doch der Haß begraben werden; denn was hätte sonst das Ganze für einen Sinn?“

Keine Macht dem Tod

Ich wurde dreiundzwanzigjährig Vikar am Krematorium in Stuttgart und hatte viele Male vorwiegend vor unbekannten Leuten das letzte Wort zu sprechen: eine Erfahrung, die schwer ist und die mindestens für einen jungen Menschen eine starke Überforderung bedeutet hat. Sie konnte einem nur dann hilfreich sein, wenn man sie als einen strengen Befehl nahm, auf jedes Wort acht zu geben. Den einen Satz aus dem „Zauberberg", den der alte Zunftmeister Thomas Mann selbst gesperrt gedruckt haben wollte, habe ich nie vergessen. In der nüchternen Einfachheit heißt es dort in dem Kapitel „Schnee": „Der Mensch soll um der Liebe und Güte willen dem Tod keine Macht über seine Gedanken einräumen."

Letzte Ehre

Die Würde der Person gilt auch im Tode. Nach dem letzten Atemzug soll ein letztes Mal die Würde der eigenen Person ins Bewußtsein treten. Und es ist ein Dienst der Barmherzigkeit, das Wort in seiner Tiefe verstanden, dafür zu sorgen, daß das geschieht. Wir reden keinem Schaugepräge das Wort, der Eitelkeit der Eitelkeiten. Aber in den nackten Toten von Bergen-Belsen, wir müssen an sie erinnern, ist das ganze menschliche Geschlecht geschändet worden, und schon der Gedanke an das armselige Begräbnis Mozarts soll uns kränken.

Wohl: das Wort des Evangeliums, jenes „laßt die Toten ihre Toten begraben" (Matthäus 8,22), kommt uns in den Sinn. Aber – wie immer es auch gedeutet werden mag, das Wort Jesu – die Geringschätzung dessen, was wir die „Majestät des Todes" nennen, ist nicht damit gemeint. Wir nehmen ja keinen Kampf mit dieser Majestät des Todes auf, der Gewalt der Verwesung widerstehen wir nicht. Versuche, die darauf ausgehen, führen in die Irre. Aber für die kleine, die streng bemessene Frist, für die zwei, drei Tage zwischen Sterbebett und Gottesacker, gelte alles, was „letzte Ehre" heißt: Kerzen und weißes Totenhemd, Blumenschmuck und Wache, Glocke, Geleit und Nachruf, Lied und Gruß und Dank. Vieles freilich ist schon am dritten Tag nicht mehr der Rede wert. Aber wie eindringlich ist in der Totenmesse die Würde der Person bewahrt, wenn in der Liturgie des Abschieds der Name des Toten – der Vorname nur noch, der Taufname – genannt wird. Nicht für irgendeinen, sondern für diesen einen wird erbeten, daß ihm „Ruhe gegeben werde und das ewige Licht ihm leuchte".

Aufmerksamkeit des Herzens

Der Anteil am Schmerz der Nächsten gehört ganz mit in den Dienst, der von uns gefordert ist. Vielleicht ist es ein sehr tiefer, ein stumm erstarrter Schmerz, dem wir, großes Geschenk, ein Wort zu leihen haben. Vielleicht auch ist es kein Schmerz; vielleicht ist es das unhörbare, gleichwohl unüberhörbare Aufatmen in den Räumen, in denen man nach der Rückkehr vom Friedhof beisammen sitzt, und ein Wort von uns zeigt erst den Weg des Geringgeachteten, das Unverwechselbare eigenen Lebens. Phantasie der Seele, Aufmerksamkeit des Herzens, Gedächtnis, das über Zeit und Ferne die Treue hält, ein Brief am Jahrestag des Todes – so können die Gaben ausehen, welche die Barmherzigkeit fordert und gibt.

Mit Tränen säen, mit Freuden ernten

Tote begraben heißt: Anteil nehmen an einem vorösterlichen Werk. Wir verstehen das Wort des Dichters Rilke: „Was mich angeht, so starb mir, was mir starb, in mein eigenes Herz hinein." Das ist wahr, und dort, in unserem eigenen Herzen, müssen wir die Arbeit – „Tote begraben" – inständig leisten. Aber es ist doch nicht die ganze Wahrheit. Wir bleiben nicht mit unseren Toten allein. Wir geben sie her, aber wir verlieren sie nicht.

Wer hier zu glauben vermag – und glauben heißt hier: ich glaube die Auferstehung, ich glaube das ewige Leben, es heißt: Ostern ist uns im Rücken, und Ostern ist uns vor Augen –, der wird die Unwiderruflichkeit des Todes in dem ganzen Schwergewicht wohl gewahr: Abschied, Einsamkeit, Rechenschaft und Waage des Gerichts, aber allen den Scheingewichten, die Unglaube und Aberglaube an Tod und Begräbnis hängen, wird er enthoben sein. Auch legt den Zerrspiegel der Ironie weg, wer an das klare Fenster treten darf, das den Blick in ewige Räume freigibt. Und die Tränen haben hier ihr wohlbemessenes Maß, da die Verheißung ergangen ist: „Die mit Tränen säen, werden mit Freuden ernten." Von dem allem aber hat, einmal und für immer, Matthias Claudius das Beste gesagt:

„Ich mag wohl Begraben mit ansehen, wenn so ein rotgeweintes Auge noch einmal in die Gruft hinabblickt oder einer sich so kurz umwendet und so bleich und starr sieht und nicht zum Weinen kommen kann. Es pflegt mir denn wohl selbst nicht richtig in den Augen zu werden, aber eigentlich bin ich doch fröhlich. Und warum sollt ich auch nicht fröhlich sein, liegt er doch nun und hat Ruhe, und ich bin darin ’n närrischer Kerl, wenn ich Weizen säe, so denk ich schon an die Stoppeln und an den Erntetanz. Die Leut’ fürchten sich vor so einem Toten, weiß nicht warum. Es ist ein rührender, heiliger, schöner Anblick, einer Leiche ins Gesicht zu sehen, aber sie muß ohne Flitterstaat sein. Die stille, blasse Todesgestalt ist ihr Schmuck und die Spuren der Verwesung ihr Halsgeschmeide und das erste Hahnengeschrei zur Auferstehung.“

Chrysanthemum

Auf einmal (niemand wagte mehr zu warten)
sind schon die weißen Chrysanthemen da,
und war ein kleines spätes Fest im Garten,
wo überall sie wer erstrahlen sah.

Sie gleichen abends sehr den schmalen Lichtern,
die allerseelentags im Friedhof stehn,
und vieles macht uns denken zu den Dichtern,
die früh vollenden, eh sie von uns gehn.

Abend und Morgen

Wir schlugen, wie es sich für das christliche Begräbnis geziemt, die Heilige Schrift auf – in ihr das Buch des Psalters, in dem in lapidarer Größe und Vollmacht alles vorkommt, was in Welt- und Menschenleben Platz hat: so denn auch das wahrhaftige Zusammen von Morgen und Abend, von Abend und Morgen: „Den Abend lang währet das Weinen; aber des Morgens ist Freude" (Psalm 30,6). Im Psalter wird nicht geschielt; es wird nicht an der Wirklichkeit vorbeigeblinzelt. Der Blick des Psalters hält aus: den Abend, die beginnende Nacht, die Mitternacht – auch die „Mitternacht des Grams" – die Dämmerung dann des neuen Tages, um endlich dies zu erfahren: „Aber des Morgens ist Freude."

Was ist das für eine Freude? Es ist eine Freude des Anfangens. Im Credo der Christenheit bleibt die Hellsicht davor bewahrt, zur schmerzhaften Grellsicht zu entarten – sie weiß sich eingebunden in die Zuversicht, in der ein Mann wie Paul Gerhardt seinen Tag beginnen mochte: „Wenn ich schlafe, wacht Sein Sorgen / und ermuntert mein Gemüt, / daß ich alle liebe Morgen / schaue neue Lieb und Güt." Freude des Anfangens: wir sehen vor uns offenes Land, Aufgaben und Möglichkeiten und denken, wieviel Licht von dem Wort eines alten Meisters unsrer Tage ausgeht: „Zudem ist ja das Vollenden nicht unsre Sache, wohl aber der Anfang und das Anfangen."

Aber da ist nun der Abend – und die Nacht, da niemand wirken kann; die Stunde, die eine Grenze zieht und das Bruchstück – Bruchstück sein läßt. Hat es seine Kraft eingebüßt, das Wort: Aber des Morgens ist Freude? Nein.

Christenheit will nicht leben, ohne im Morgen zu erfahren die Freude des Vertrauens. Sie vertraut, daß in die Morgen dieser Erde schon einfällt ein Abglanz des Ostermorgens. Es ist die Hoffnung – wider allen Augenschein. Es ist die Hoffnung, die uns die Worte der Verheißung sprechen und glauben läßt: „Es wird gesäet verweslich – und wird auferstehen unverweslich. Es wird gesäet in Schwachheit und wird auferstehen in Kraft." Wohin führen uns diese Worte? Gewiß an die Pforte der unergründlichen Geheimnisse. Da wir Abend und Morgen bedenken, kommen uns, nicht das Geheimnis zu entschleiern, wohl aber ihm entgegenzulaufen, die Meditationen des Augustinus in den Sinn, der, biblischem Zeugnis folgend, den Gang der Welt erkennt als den Gang dem siebenten Tag entgegen, dem Gottestag der Ruhe, dem Tag der letzten Souveränität des Ewigen, da Gott „abwischen wird alle Tränen von unsren Augen". Diesem Tag wollen wir jetzt, da es um uns dunkel geworden ist, entgegenvertrauen als – dies das Wort Augustins – „dem Tag, der ohne Abend ist".

Friedhof

I

Kennen tu ich keinen,
Keinem kann ich weinen,
Keines hier gedenken,
Keinem eine Blume schenken.

Aber die da ruhen,
All in ihren Truhen,
Kann ich Gott befehlen,
Heut' am Tage Allerseelen.

II

Es sind die Blumen, die das Jahr erneuen,
Die uns aus hellen Augen fromm erzählen
Des eig'nen Lebens innige Geschichte;

Die aber hier sind und das Grab betreuen,
Die können uns mit unsrem Leid vermählen,
Noch nah am Tod – und schon so nah dem Lichte.

VI

Todesweg und Friedensbogen

Die Hoffnung von Ostern

Die Christenheit wird auf dem Passions- und Osterweg erfahren: es gibt keine andere Weise, Teil zu gewinnen am österlichen Sieg über Furcht und Finsternis des Todes, als die Weise des Dienstes, des strengen Dienstes, dessen Namen „Opfer" heißt. Eine Brunnenweisheit ist in der Welt, die lautet: „Und jeder nimmt und gibt zugleich." Und lautet: „Je mehr du schenkst, je mehr wirst du beschenkt." Aber hier ist mehr als diese Brunnenweisheit. Hier springt das Glas unsres Glanzes und unsrer Sicherheit entzwei. Es ist wohl wahr: das Leben in uns erschrickt, wenn es dies als seine Bestimmung zu begreifen beginnt: du darfst dich nicht bewahren. Aber es ist nicht das Erschrecken zum Tode, sondern das Erschrecken zum Leben.

Neues Vertrauen

Todesernst und Ostergnade. Ich habe kein „oder" zwischen die beiden Worte gesetzt. Kein Wort soll hier gesagt werden, das wie Osterhochmut klingen könnte, so als ob das zwei Klassen Mensch seien, die „feinen Leute", die glauben können, und die armen Leuten, die nicht glauben können.

Am Ostersonntag 1958 ist Reinhold Schneider gestorben. In seinem letzten Buch „Winter in Wien" finden sich ein paar Sätze, die mögen uns bewahren vor allem Übermut: „Fest überzeugt von der göttlichen Stiftung und ihrer bis zum Ende der Geschichte währenden Dauer, ziehe ich mich doch am liebsten in die Krypta zurück. Ich höre den fernen Gesang. Ich weiß, daß Er auferstanden ist, aber meine Lebenskraft ist so sehr gesunken, daß sie nicht über das Grab hinauszugreifen, sich über Tod hinweg nicht zu sehnen und nicht zu fürchten vermag. Ich kann mir einen Gott nicht denken, der so unbarmherzig wäre, einen todmüden Schläfer aufzuwecken."

Wenn das geschieht, daß unser Leben die Ostergnade empfängt, wenn diesem Abschied dieser Anfang folgt, wenn wir auf Ostern ein neues Vertrauen gründen, ein Vertrauen nicht auf Waffen, sondern auf Herzen, ein Vertrauen nicht auf den Tod, sondern auf das, was es über den Tod gewonnen hat und auch für uns gewinnen will – dann ist das frei ein Geschenk. Wir können es nur eben annehmen und einander zutragen. Auch die ersten Osterzeugen haben nichts anderes getan. Sie sind mit ihrem Glück nicht allein geblieben. Sie haben den Weg unter die Füße genommen.

Die andere Antwort

Anrede beim Tod eines Kindes

Ich rief zu dem Herrn in meiner Angst, und er antwortete mir. *Jona 2,3*

Morgen schon wird der kleine Hügel aufgeschichtet sein, und ihr, liebe Freunde, habt ein Kindergrab – nicht: zwischen euch; wie vieles man zwischen sich haben kann, ein Kindergrab hat man nicht trennend zwischen sich –: vor euch habt ihr das Grab, wie ein mit euch Betrübter, der Vater Bodelschwingh, die Gräber seiner Kinder vor sich hatte: er zimmerte eine Bank, um dort das Vergängliche zu bedenken und das Unvergängliche. Und dann wird es die Wege hierher geben, die Geschwister werden Blumen einpflanzen auf des Bruders Grab; die Liebe darf jeder Weisung des Herzens folgen, und so darf sie auch „ein Gespräch sein“. Unsre Fragen, unsre „Wenn“-Sätze, die unruhigen Gedanken, die von neuem zur Klinik, zu den Ärzten und zu den Medikamenten zurückkehren, und selbst jenes bange Wort des Zweifels „Hast denn du, Herr, nicht aufgepaßt?“ – wer will sie uns verbieten?

Die so sehr Verzagten sprechen nicht gerne mit dem Menschen, wenn sie sich im voraus sagen müssen: „Ach, ich weiß schon, was er mir antworten wird.“ Sie aber sind es dann auch, in denen unser Schriftwort zu leben beginnt. „Ich rief zu dem Herrn in meiner Angst, und er antwortete mir“: da ich es wagte, mit leerer, geöffneter Hand vor den Ewigen zu treten, da wurde mir zuteil, was ich mir nicht selbst sagen konnte: das Unvorhergesehene, die andere Antwort.

„In meiner Angst rief ich“, sagt der Prophet Jona. Angst: das ist Beengung, Atemnot, Angina pectoris, Verstrickung des Gemüts. Wir laufen unsre Wege, wie Jona sie läuft, Wege der Flucht in der Flucht unserer Tage; wir verknüpfen das eigene Los mit dem Los der anderen, und wenn wir es nicht verknüpfen, so verknüpft sichs auch ohne unser Zutun und wird zum Seil und zum Netz, Seil der Liebe und Netz der Last. Dann kann es geschehen, wie es dort bei Jona geschieht: daß die, die mit uns auf dem Schiff sind, uns ausstoßen möchten aus der Gemeinschaft, daß sie nach Trennung der Lose verlangen. Und gerade in diesem Augenblick großer Not und Gefahr beginnt das mächtige Leben von Gottes Antwort. Gottes Antwort heißt Freiheit. Da ist das offene Meer, und da ist der Schlund des großen Fischs; aber beide, Woge und Fisch, sind die Boten der Rettung. Wir denken jetzt an die Stricke des Todes, an den Schlund des Unausdenklich-Anderen, der sich auftut im Anblick des Grabes, und wir haben weit bis zu dem Wort der Verheißung: „Und auch dich lockt er aus dem Rachen der Angst und stellt deine Füße auf weiten Raum, da keine Bedrängnis mehr ist.“ Luthers Brief an sein „Hänsichen“ kommt uns in den Sinn, das Bild vom freien, lustigen Garten; aber Buchstab um Buchstab erst muß sichs uns entziffern; daß Gottes Freiheit nicht das Unendlichfern ist, und nicht das Ungegrenzt der Wüste, sondern das „lebendige Heute“, in dem wir, die Wanderer hier, und unser nun schon anders befreites Kind gleicherweise umschlossen sind. Es ist ein Leben, das man nicht „hat“, das aber in uns wachsen will, wie das Vertrauen wächst.

Aber dann ist da noch andere Angst. Ein Gestern ist da, alle die Jahre Leben, die uns nun einholen und die als Wirrsal der Gedanken uns Not machen können. Unsre

Vater- und Mutter-Versuche, die geglückten und die mißglückten, unsre Versäumnisse kehren zurück; die Last des Bruchstücks fällt über uns, die Stunden der Kindertränen und die Stunden des schweren Schweigens stellen sich ein. Knäuel der Fragen, und wir können keine Antwort mehr geben. Aber wir hören die andere Antwort, die Antwort Gottes, und sie lautet: Dienst. Der Prophet Jona, aus Angst und Enge befreit, wird zurückgeschickt an den Ort seiner Sorge. Laßt euch zurückschicken, Freunde. Schließt sie nicht ab, die Stube eures Kindes; wagt's, die kleinen Schuhe aufzuräumen und das Spielzeug in die Hand zu nehmen. Führt – nicht morgen, aber bald – die Spielkameraden hinein oder die Kinder, die kein Zuhause haben: zwischen euch und eure Angst stellt der Herr die Aufgabe, die euch nicht mit der Angst allein sein läßt, jetzt bis zum Abend, und morgen, und dann und dann ... Seine Lektion weist euch nicht in das Gestern, sondern in das Heute; nicht zu euren Gedanken und auch nicht zu den verlassenen Dingen, sondern zu Kinderaugen, die nach euch fragen, zu einem Mund, der nach eurer Liebe ruft. Und wer soll lieben können, wenn nicht der, dem eine Handvoll Tod in die Liebe eingemengt ist? Wo das „nur so kurz" uns gestreift hat, dunkle Vogelschwinge, da glüht es in uns auf: „Kein Augenblick ist umsonst."

Aber die Angst, die aus einer fremden Zukunft aufsteigen könnte? Wer sagt uns, daß wir gefeit sind gegen die Angst, deren Name heißt: Nacht des Herzens, oder: Verbitterung? Mutige Psalmisten haben sich wundgestoßen an Gottes Dunkelwand; bin ich sicher, daß ich dem Nachbarn das Glück gönnen kann, mit seinem Sohn ein erstes Mal das Meer zu sehen und große Musik zu hören? Wie, wenn die Erstarrung über mich käme und ich würde ein Mensch des kargen Rechts, der Ordnung und der Strenge allein? „Und er antwortete mir“: die Antwort, die den Propheten Jona in solcher Anfechtung findet, die Antwort Gottes heißt: Erbarmen. Das ist der Grund der Welt und des Lebens, deines, eures Lebens auch: die grundlose, ja die rechtswidrige Barmherzigkeit Gottes.

Keine von diesen Antworten aber können wir im Ernst hören, ohne hinzuzuhören die Verpflichtung, selbst, soweit ein Mensch es vermag, diese Antwort zu werden.

Und nun, so will es die Ordnung vom „Christlichen Begräbnis“, sollen wir singen. Die Strophe, die ihr gewählt habt, kennen wir alle seit eh und je: daß uns die Worte fehlen, müssen wir nicht fürchten; aber wird unsre Stimme heute die Worte tragen? „Der Leib in sei’m Schlafkämmerlein / gar sanft ohn’ einge Qual und Pein …“: Das mögen wir wohl annehmen. Nach der letzten Krankheitsnacht waren Qual und Pein vom Angesicht eures Kindes verschwunden; ganz heiter, so hast du, liebe Mutter, gesagt, sei der Blick des Kindes an diesem letzten Morgen gewesen. Der seinem Boten hier befiehlt, zuletzt „gar sanft“ zu sein, der wird auch an anderem Ort keine unsanfte Ruh bescheren. Aber das, was im Text vorausgeht, das von den „lieb’ Engelein am letzten End“, das freilich, das geht so ganz über uns und all unser Begreifen hinaus: tot ist so sehr tot. Aber wenn wir nun doch einfach beginnen, so wie Martin Schalling begann, wenn wir „Ach, Herr“ singen und das so meinen, wie es dasteht: „Herr“, Herr über Abschied und Trennung, Herr der Bruchstücke, Heiler aller Bruchstellen unsres Jetzt und Nun, österlicher Herr – dann können wir doch nur Wort für Wort voransingen und können nicht weniger erbitten als das, was wir hier erbitten, nicht weniger als das Ganze.

Unter dem Friedensbogen

Was wir begraben müssen: es ist eine große Hoffnung bei diesem großen Grab: „Er soll die Starken zum Raube haben, dafür daß er sein Leben in den Tod gegeben hat und den Übeltätern gleichgerechnet ist und er die Sünde der Vielen getragen hat und für die Übeltäter gebeten" (Jesaja 53,12): die alte prophetische Verheißung, die in Christus Erfüllung fand, deutet auf diese Hoffnung mit starkem Licht. Er, Christus, der Herr, hat vor uns begraben, was wir begraben müssen: auf dem Kreuzweg den Haß, am Kreuz die Gerechtigkeit für sich selbst und in der dunkelsten Stunde all und jedes Sicherheitsverlangen; und auch das Mißtrauen, das sich behaupten möchte. Er hat das Vertrauen, das dienen will, überwindend aufgerichtet, Überwinder aufrufend, die, erschrocken über den Todesweg, den die kluge Sicherheit, die sichere Klugheit baut, arm und kühn unter dem Friedensbogen Gottes laufen; ohne Harnisch: gering, aber getrost.

Himmel über dem Totenfeld

Und des Herrn Hand kam über mich, und er führte mich hinaus im Geist des Herrn und stellte mich auf ein weites Feld, das voller Totengebeine lag. Und er führte mich allenthalben dadurch. Und siehe, des Gebeins lag sehr viel auf dem Feld; und siehe, sie waren sehr verdorrt. Und er sprach zu mir: Du Menschenkind, meinst du auch, daß diese Gebeine wieder lebendig werden? Und ich sprach: Herr Herr, das weißt du wohl. Und er sprach zu mir: Weissage von diesen Gebeinen und sprich zu ihnen: Ihr verdorrten Gebeine, höret des Herrn Wort. So spricht der Herr Herr von diesen Gebeinen: Siehe, ich will einen Odem in euch bringen, daß ihr sollt lebendig werden. Ich will euch Adern geben und Fleisch lassen über euch wachsen und euch mit Haut überziehen und will euch Odem geben, daß ihr wieder lebendig werdet; und ihr sollt erfahren, daß ich der Herr bin. Und ich weissagte, wie mir befohlen war; und siehe, da rauschte es, als ich weissagte, und siehe, es regte sich, und die Gebeine kamen wieder zusammen, ein jegliches zu seinem Gebein. Und ich sah, und siehe, es wuchsen Adern und Fleisch darauf, und sie wurden mit Haut überzogen; es war aber noch kein Odem in ihnen. Und er sprach zu mir: Weissage zum Winde, weissage, du Menschenkind, und sprich zum Wind: So spricht der Herr Herr: Wind, komm herzu aus den vier Winden und blase diese Getöteten an, daß sie wieder lebendig werden! Und ich weissagte, wie er mir befohlen hatte. Da kam Odem in sie, und sie wurden wieder lebendig, und richteten sich auf ihre Füße. Und ihrer war ein sehr großes Heer. Und er sprach zu mir: Du Menschenkind, diese Gebeine sind das ganze Haus Israel. Siehe, jetzt sprechen sie: Unsre Gebeine sind verdorrt, und unsre Hoffnung ist verloren und es ist aus mit uns. Darum weissage und sprich zu ihnen: So spricht der Herr Herr: Siehe, ich will eure Gräber auftun und will euch, mein Volk, aus denselben heraus holen und euch ins Land Israel bringen; und ihr sollt erfahren, daß ich der Herr bin, wenn ich eure Gräber geöffnet und euch, mein Volk, aus denselben gebracht habe. Und ich will meinen Geist in euch geben, daß ihr wieder leben sollt, und ich will euch in euer Land setzen, und sollt erfahren, daß ich der Herr bin. Ich rede es und tue es auch, spricht der Herr. *Hesekiel 37, 1-14*

Man kann nicht teilen. Man kann die Vision von den Totengebeinen nicht verscheuchen und auf der Frühlingswiese Ostern halten. Ostern ist bei den Totengebeinen – bei denen von Hesekiel und bei denen in Bergen-Belsen und bei uns und unsrem Tod –: dort – oder nirgends.

Dort, sagt die Osterbotschaft. Denn das ist die Osterbotschaft: der Herr ist bei den Totengebeinen. „Ihr sollt erfahren, daß ich der Herr bin.“ Die österliche Zuversicht – worauf gründet sie sich? Antwort: darauf, daß Christus bei diesen Totengebeinen seinen Platz hat. Was Hesekiel erfährt, daß das Totenheer zum großen Heer der Lebendigen wird, das erfährt er als ein Ereignis, das sich stufenweise, stationenweise vollzieht. Das ist die Osterbotschaft: keine Station wird übersprungen. Und es endet nicht vor der letzten Station.

Keine Station wird übersprungen. Nicht das „crucifixus“ mit seinem ganzen Schrecken. Wir denken an Luther, der sich einen Tag in seiner Studierstube eingeschlossen hatte und auf kein Klopfen seiner Frau Antwort gab. Als man die Tür aufbrach, fand man ihn über dem Text der Passion: „Mein Gott, mein Gott, warum hast du mich verlassen.“ Und er sagte: „Meinst du, das sei so leicht zu verstehen, wie Gott von Gott verlassen worden ist?“

Nicht das „mortuus“ mit seinem ganzen Todesernst. Nicht das „sepultus“… Aber wo die Christenheit dieses „begraben“ als Gottes „Station auf dem Weg“ geglaubt hat, da hat sie gerade diesem „begraben“ schon ein österliches Vorzeichen mitgegeben. Unvergleichlich in den Passionen Johann Sebastian Bachs. Da die menschliche Grausamkeit ihr Werk vollbracht hat, da Joseph von Arimathia auf den Plan tritt und bergende Liebe der Mutter, der Pietà, da wagt er seinen neuen Ton. Der dunkle Lobgesang, der den Abend rühmt: „O schöne Zeit, o Abendstunde… “ und dann fortfährt in großer Innigkeit: „Mache dich, mein Herze, rein, ich will Jesum selbst begraben …“ Und wenn es zum Schluß noch einmal mit großer Gewalt hervorbricht: „Wir setzen uns mit Tränen nieder“, so spricht der Sturm von Bachs Musik an dieser Stelle gegen die Tränen, für Ostern schon… hier, und drängender noch, auch im Wortlaut drängender noch, am Schluß der Johannespassion: „Das Grab, so euch bestimmet ist und ferner keine Not umschließt, macht mir den Himmel auf und schließt die Hölle zu.“

„Und schließt die Hölle zu.“ Auch das „Niedergefahren zur Hölle“, mit dem das Glaubensbekenntnis der Christenheit fortfährt, ist Station auf dem Weg, die nicht übersprungen wird, ein Widerruf der schwarzen Unwiderruflichkeit, ein Stück Ostern vor dem Ostertag. Und der Ostertag selbst – auch er ist Station: Morgenfrühe des Neuen, Anfang. Alles ist umschlossen vom lichten Nebel heiligen Geheimnisses; Maria Magdalena verwechselt den Herrn mit dem Gärtner, und der Jünger hält die Botschaft für ein Märlein –, hier beginnt's; hier endet's nicht. Wo es endet? Bei dem großen Heer, das der Prophet geschaut hat, bei dem Heer der aus den Gräbern Gerufenen.

Die österliche Zuversicht – was wirkt sie? Sie widerstreitet dem Übermut. „Unsre Hoffnung ist verloren" und will sich nicht verloren geben. Immer neu, mit kurzem, heftigem Atem geht sie ihre Nahziele an, als könnte sie's herbeiziehen, was sie erhofft: schönes Wetter für den Feiertag, Genesung nach der Krankheit, Glück im Spiel, Großes und Kleines, Wesentliches und Unwesentliches. Wir schelten nicht, was in uns ist, in uns allen. Aber wir verlassen uns nicht auf unsre Hoffnung und nicht auf das, was sie uns vorspiegelt. Wer seine Zuversicht auf das eine, was er gehört hat, setzt: „Ich rede es und tue es auch, spricht der Herr", auf das „Auferstehung – und ewiges Leben", der feiert Ostern in dieser unsrer Wirklichkeit: bei den Totengebeinen. Keines anderen Zeichens bedürftig als des Zeichens: ich diene – ich warte. Ich triumphiere nicht, aber ich werde mittriumphieren.

Und sie widerstreitet der Schwermut. Als Pastor Martin Niemöller einmal die polnischen Gemeinden besuchte, da kam er auch in das Dorf, in dem sich, allen Vermutungen nach, das Grab seines Sohnes befinden mußte. Er forschte und fragte. Aber niemand in diesem Dorf konnte ihm gültige Auskunft geben. Die Einwohner, alle, waren erst nach dem Krieg hierhergekommen, von den früheren Dorfinsassen war kein einziger am Leben geblieben. „Und siehe, des Gebeins lag sehr viel auf dem Feld, und siehe, sie waren sehr verdorrt": es ist immer noch Hesekiels Zeit und die Stunde seiner Vision. Martin Niemöller gab Bericht von seiner Reise; von der Erfahrung dieser Suche nach des Sohnes Grab sagte er nur: „Ich suche jetzt nicht mehr; der Herr Jesus wird ihn dann schon finden."

Die Arme der Liebe

Die Christenheit muß sich fragen lassen, woher sie den Wagemut nimmt zum Glauben an das Ende von des Todes Macht, zur Hoffnung auf den endlichen und ewigen Sieg; woher sie die Vollmacht nimmt, auch dem Geschlecht von heute zu sagen: „Und auch dich lockt Er aus dem Rachen der Angst in weiten Raum, da keine Bedrängnis mehr ist." Die Christenheit, so gefragt, wird einmütig auf den Ort deuten, da dem Starken von Karfreitag der Stärkere des Karfreitag begegnet ist. „Her zu mir", rief in jener Finsternis der Fürst der Tiefe. Aber: „Kommet her zu mir alle" – das ist der Ruf über diesem Ruf. Wohl erheben sich die Arme des Hasses und des Verrats, der Gewalt und des Todes Arm; aber es triumphieren die Arme der Liebe, die ausgebreiteten Arme des Gekreuzigten. An den Herrn dieses Siegesrufs und dieser Liebesarme, den Herrn, dem das Ostern bereitet ist und der den Seinen Ostern verheißt, weiß sich die Christenheit gewiesen, in jeder Stunde dieses Wegs und gewiß in jener letzten Stunde, in der es aus den Chören der Erdensöhne aufsteht: „Wenn ich einmal soll scheiden, so scheide nicht von mir."

VII

In aller Liebe Land

Abschied und Erinnerung

Es gibt kein Totengedenken ohne Todes-Gedenken; kein Todesgedenken aber ohne Lebensgedenken. Die stärksten, die innigsten Zeichen des Lebens – Baum, Blume und Kreatur – wir umfassen sie mit dem Blick der Liebe, der um die Vergänglichkeit weiß. Musik des *Abschieds* ist alles, was wir auf Erden zuwegebringen können. Genug, wenn es *Musik* des Abschieds ist.

Abschied

Hat einer so den langen Erdentag
Ans Herz genommen,
Spricht er zum Abschied, so er dunkeln mag:
Willkommen.

Unruhige Stadt,
Des Lebens Vielgestalt,
Er tauscht sie gern
Für Dorf und Fluß und Wald.

Der Lobgesang verstummt.
Es schweigen Leid und Zeit.
Von andrer Zinne schon
Tönt Ewigkeit.

Halb im Abschied

In Gedenken an Carl J. Burckhardt

Denke ich jetzt an Carl J. Burckhardt, so sehe ich vor mir einen hundert Jahre alten Baum – und ich finde sogleich drei Personen damit beschäftigt, den gewaltigen Stamm zu umspannen: einen Historiker, einen Diplomaten, einen Essayisten; jeder hat seine Arme mit aller Kraft ausgespannt, hat seinen Nachbarn im Auge, und jeder ahnt, daß er mit seiner Aufgabe nicht fertig wird: der Schatzkanzler des Abendlandes ist nicht faßbar. Der Historiker sagt „Richelieu", denkt einen großartigen Jugendwurf, ein mächtiges Alterswerk, und die Zeugnisse der drei nachfolgenden Jahrhunderte. Der Diplomat ruft sich die „Kleinasiatische Reise" ins Gedächtnis, dazu die weltumspannenden Verpflichtungen im Dienst des Roten Kreuzes, die Aufgaben in der Danziger Mission und der Pariser Botschaft: dem Hören verpflichtet, dem Schweigen, dem Erwägen, dem Handeln zuletzt. Der Essayist sieht im Pantheon der Gestalten und Mächte, ein König-Philippsches „die Sonne geht in meinem Staat nicht unter": von La Rochelle bis Warschau reichend und weiter bis Tokio und Peking; aber es ist kein globetrotterhaftes Ungefähr, sondern ein Kosmos, heimlich immer mitbestimmt von Grunderfahrungen der Schweizer Heimat, und diese Heimat hieß Glarisegg am Bodensee, Basel, Bern, Zürich und Genf, und Vinzel zuletzt, La Bâtie, ein Gutshaus auf der Höhe im Waadtland.

Ein Vierter kommt herzu und müht sich um das Bild eines eminenten Arbeiters, ausgestattet mit den glücklichsten Gaben: aller humanistischen Sprachen mächtig, sein eigener Dolmetscher in Europas Botschaften, Museen und

Bibliotheken. Dazu der sonderliche Freund Hofmannsthals, Rilkes; Claudels, André Gides Gesprächspartner, mit Regenten im Rat, mit „Tyrannen conversierend", sie heißen Hitler und Bela Kun.

Eine scheinbar unbändige, in Wahrheit genau gebändigte Lebensneugier ist am Werk; ein Jäger ist da, ein Reiter; der Fechter, der sich auf Quart, Quint und Parade versteht; dann ein unvergleichlicher Briefschreiber, ein souveräner Erzähler, bereit, bis in die Mitternacht Gestalten und Situationen zu beschwören, Gefahren und Lösungen, Siege und Niederlagen. Aber zugleich beschenkt mit einer Herzensaufmerksamkeit, die vieles vermag: sie kann ein unbekanntes Kind mitten im Krieg nach Lissabon begleiten, kann im polnischen Hochwald, da das Schlurfen einer alten Frau langerwünschtes Jägerglück zerstörte, die Störung nicht als Störung buchen, sondern als Gewinn; im Vormittag beim Buchhändler in Paris blühen die Einfälle über und über, und in Sankt Marien in Danzig wird der Orgelspieler gehört, der nur für ihn im Dunkeln das Gebet aus Johann Sebastian Bachs Kantate 147 spielt: „Jesus bleibet meine Freude."

Ich will nicht entscheiden, ob ich der siebente oder achte bin im Kreis derer, die an diesem 10. September die Gestalt zeichnen möchten: diesen Herrn, der, wenn er ins Zimmer trat, auf eine solche Weise den Raum ausfüllte, daß nicht leicht noch jemand Platz hatte, und der doch zugleich – wunderbares Zugleich! – sich nur „leicht und angenehm" dem Gegenüber auf die Seele legt, eingedenk eines Rats, den der Prinz Eugen seinen Offizieren gab, so Schwergewicht und Grazie zueinander fügend. Ich rufe mir die letzte leibhaftige Begegnung mit Burckhardt ins Gedächtnis zurück: ein halbes Jahr vor seinem Tod war ich noch einmal für zwei Stunden sein Tischgast in La Bâtie, dem noblen Landsitz auf der Höhe im Waadtland.

An der Bahnstation im Tal stand Frau Burckhardt mit dem Auto bereit, wir fuhren bergauf durch die Weingärten, die zum Burckhardtschen Gut gehörten, dachten an jenen Winzermeister, der bei seiner Arbeit leise mit den Rebstöcken spricht: „Ich muß dir ein bißchen weh tun ..." Ich war auf das Wiedersehen mit dem verehrten Freund ein wenig vorbereitet; ein Waiblinger Maler, der mich porträtiert hatte, war fast unmittelbar nach unseren Sitzungen zu Burckhardt gefahren und hatte ein letztes Altersbild malen können. Der einst so lebenskräftige Mann war schmal geworden, von schwerer Krankheit gezeichnet, ganz Geist; aber eben dieser Geist war unversehrt, ein wenig leiser jetzt, Schmerzen verschweigend, aber doch lauter Gegenwart.

Es war alles da; Wiedererkennen ist ein stilles Fest. Gleich hinter der Eingangstür stand der große Flügel, auf dem zuweilen Clara Haskil gespielt hatte; nur für zwei Stunden war sie aus der Lausanner Nähe hergekommen und hatte Mozart ins Haus gebracht. In der herrlichen Bibliothek gab es die Handschriften des alten Jacob Burckhardt, die Erstdrucke aus der Goethezeit, Ranke und Gregorovius. Die Tür in ein Gästezimmer stand halb offen: „Da hat Schröder bei seinem letzten Besuch noch Shakespeare übersetzt; er brauchte eine Lupe beim Lesen und beim Schreiben, aber die Handschrift lief immer noch ihre eleganten Wege."

„Ich freue mich auf Ihre Steine", sagte ich zur Dame des Hauses, und sie führte mich in ein Kabinett zu den Vitrinen, in denen es funkelte und schimmerte: aus vielen

Gebirgen, Schächten und Meeresküsten waren sie hier zusammengetragen: Muscheln und Steine. Darüber hatte ein altes Amsterdamer Kirchenbild seinen Platz.

Wir sind nur zu dritt bei Tisch. Es ist patrizierschön gedeckt, und mit dem Wein aus Burckhardts Weinberg trinkt man sich das À votre santé zu; eine Lüge, aber keine bittere Lüge. Der Hausherr ist mit seiner Krankheit vertraut und verbündet; er wird ihr noch am letzten Lebenstag eine geistige Leistung abfordern, die Übersetzung eines französischen Gedichts.

Unmöglich, über siebzehn Jahre hin noch die Gesprächsgegenstände dieser Mittagsstunde zu wissen; nur dies: daß das Gespräch noch immer in jener Mozartschen Intensität geführt werden konnte, in der keine Note ins Leere fällt; es ging um die Staaten, um Landschaften, um das Entdecker- und Finderglück von drei wachsamen Lesern.

Man nahm den Kaffee auf der Terrasse, der Blick ging zu den Dents du Midi hinüber, ins Montblanc-Massiv und zum Genfer See; ein Genfer Abend hatte uns vor Jahr und Tag in der Arbeit zusammengeführt.

Ich war ganz ohne Gepäck gekommen, nur eben als Mittagsgast. Mit Frau Burckhardt verständigte ich mich in halber Zeichensprache, daß es nun Zeit zum Aufbruch sein würde.

Abschied also. Wie nimmt man Abschied, wenn es – nach menschlichem Ermessen – der Abschied fürs Leben ist? Vielleicht gibt es hinter dieser Stunde noch einmal ein Lebenszeichen; und es gab noch ein Lebenszeichen, einen Weihnachtsbrief, in dem am Schluß die Lukas-Botschaft in genau geschriebenen griechischen Lettern stand; aber dieses Jetzt war für die Augen das Fahrwohl.

Wir gingen zum Flügel, dachten noch einmal an Clara Haskil. Mir fiel ein Wort ein, das – fünfzig Jahre vor diesem Tag – Burckhardt an Hofmannsthal geschrieben hatte: „Ich befinde mich in einer so glücklichen Fahrt wie von Musik getragen." Das sagen wir jetzt nicht; wir beide nicht; aber die Seele vergißt nicht, daß sie es einmal so gefühlt hat. „Ja, lieber Freund –"

Und dann ich, es fiel mir gerade so ein, es fiel mir nichts anderes ein; ich sagte: Shakespeare, Cäsar, Cassius oder Brutus ... ja, Brutus wohl:

„Sehen wir uns wieder, nun, so lächeln wir. / Wo nicht, so war dies Scheiden wohlgetan." Darauf mein Gegenüber, der – natürlich – die Cassius-Variante sofort parat hatte: „Sehn wir uns wieder, lächeln wir gewiß; / wo nicht, ist wahrlich wohlgetan dies Scheiden."

Ich habe es noch im Ohr, wie auf dem „ist", dem Präsens, ein wenig mehr Ton lag. Er streckte mir beide Hände entgegen, schmalgewordene Hände; ich hielt sie für einen Augenblick fest.

Dann nur noch der Griff nach der Türe. Ich trat hinaus und ging, ohne mich noch einmal umzudrehen, auf dem Fahrweg talabwärts.

Sommers Rüste

Roter Stern bedeutet Sommers Rüste,
Rote Astern glühn und glühen spät –
Irgendwer frohlockt und schließt die Scheune:
„Heute ist die letzte Mahd gemäht“.

Flammenblumen funkeln in Verzückung,
Fürchten sich vor Dämmer, Dunkel, Nacht –
Und ich phantasiere von den Zeiten,
Wo mich liebe Hand zu Bett gebracht.

Roter Stern ist jäh im See versunken,
Astern, Dörfer, Gärten schlafen ein,
Aber meine Mutter in dem Himmel
Geht mit mir in meinen Schlaf hinein.

Die alten Hände

Heut sah ich plötzlich wieder euch vor mir,
Die Adern schimmern blau –
Hände, und heißen mir ein Gruß von dir,
Du alte Frau.

Schmal, schier als wie Fra Filippos Bild,
Und gliederzart,
Zu halten doch, zu tragen ganz gewillt,
Was auferleget ward.

Die Nacht bricht ein. Ihr aber seid noch wach,
Näht Stich um Stich.
Den Linien auch im Schulheft geht ihr nach
Und meinet mich.

Das ist nun lang. Und lang schon ruht ihr still
In Schoß und Grab.
Nur daß ich euch noch einmal sagen will,
Wie lieb daß ich euch hab.

Zwei Hände, Frau. Du alt und wunderbar.
Du fern und nah Geleit.
Ein Bote warst du. Und die Botschaft war
Von Ewigkeit.

Und wie auch weit in aller Liebe Land
Mein Weg geführt,
Hat doch wie deine keiner Liebe Hand
Mich je berührt.

VIII

Leises Licht

Hilfreiche Gefährten

Horch, der sanfte Regen segnet
sommerliche Landschaft ein,
morgen wird die Sonne milder
und der Herbst gekommen sein.

Astern halten ihre dunklen
Augen an das leise Licht,
Durch den Vorhang der Verklärung
schaut des Lebens Angesicht.

Jenes Leben, das der Erde
Farbe, Glut und Frucht verleiht;
aber seinen Schmerzenskindern
seine liebste Liebe weiht.

Der Psalter

Ist auf deinem Psalter, Vater der Liebe, ein Ton seinem Ohre vernehmlich, so erquicke sein Herz!“ Ich weiß nicht zu zählen, unter wie vielen Himmelsstrichen ich die Goethesche „Harzreise im Winter“ bedacht habe. Zuweilen konnte Brahms, ich meine das „Altrhapsodie“ genannte Fragment, das Brahms vertont hat, beistehen. Zuweilen war es nur eine Zeile aus dem Gedicht, nur dies „Aber den Einsamen hüll in deine Goldwolken“, und oft genug ging der Blick dann wirklich, von dem Wort Psalter geweckt, zu dem biblischen Buch hinüber, das Psalter heißt, auch *Psalmen Davids*. Und wirklich: dieses 150 Lieder umfassende Buch, fast ein Büchlein nur, soll mir nicht aus Griffnähe kommen, solange ich lebe. Ich mache den Versuch, ein Christenmensch zu sein, und das Grundbuch des Christenmenschen ist, ich weiß, das Neue Testament, aber ich kann's nicht leugnen: der Psalter steht mir noch näher, und wenn die Augen über die Strophen hingehen, dann denke ich, daß dies auch die Lieder waren, die Jesus geliebt und gelebt hat.

Sie sind eben das, was ich nicht bin: sie sind das Ganze. Es kommt alles in ihnen vor, was nur irgend im menschlichen Leben, ja überhaupt im Leben der Welt Raum hat, die Freude und die Trauer, der Dank und die Schwermut, die Angst und die Reue, das Reden und das Schweigen. Mann und Frau und Jugend und Alter, die Jahreszeiten und der Erdkreis, die Gebirge und das Meer, die Wüste und das fruchtbare Land, der Tanz und der Wein und die Harmonie der Sphären. Viele von diesen Liedern sind sehr große Kunstwerke; aber man kann auch vergessen, daß es sehr große Kunstwerke sind, weil sie einfältig sind, wie die Urlaute des Herzens einfältig sind. Sie sind wie die Schuhe, in denen wir fest stehen und gut in den Tag hineinlaufen, und sie sind wie der Mantel, der uns im Wetter schützt. Wir lesen einen Psalm, und jeder Vers ersteht vor uns wie ein Baum biblischen Maßes, jeder sieben Leben hoch, breit und übermächtig.

„Der Herr ist mein Licht und mein Heil, vor wem sollte ich mich fürchten?" oder: „Du lässest Brunnen quellen in den Gründen, daß die Wasser zwischen den Bergen hinfließen, daß alle Tiere auf dem Felde trinken und das Wild seinen Durst lösche": so lese ich, Hieronymus hat so gelesen, Thomas von Aquin, Bengel in Denkendorf, Schweitzer in Lambarene, und der Graf Moltke im Zuchthaus Plötzensee. Sie hatten ihr Los, ein jeder das seine, wie ich das meine habe. Aber vor dem ewigen Gegenüber gibt es geheime und offenbare Gemeinsamkeit.

Paul Gerhardt

Paulus Gerhardt: so hat er sich ein Leben lang unterschrieben, und in einer Stunde besonderer Anfechtung hat er sich dann auch ausdrücklich auf St. Paulus berufen.

Das war, als man ihn im Berliner Konservatorium anklagte, da er sich weigerte, einen kurfürstlichen Revers zu unterschreiben, der unbedingte Toleranz gegenüber den Reformierten befahl. Er, Gerhardt, wollte gewiß nicht streiten, aber er wollte noch weniger auf Befehl schweigen, wo ihm die Einsicht in die Wahrheit das Reden befahl.

„Ich bin auch willig und bereit" – so schrieb er damals –, „mit meinem Blute die evangelische Wahrheit zu besiegeln und als ein Paulus mit St. Paul den Hals dem Schwerte darzubieten."

Es ging dann nicht um den Hals und das Haupt, wohl aber um Amt und Brot: er blieb bei seinem Entschluß; es war ihm gewiß, daß es Augenblicke gibt, in denen ein Mensch nur dann die wahre Gewißheit im Gewissen erlangt, wenn er den Verzicht auf die vordergründige Sicherheit zu wagen bereit ist.

Paulus Gerhardt: und sogleich rufen wir, ermuntert durch die Physiognomie, die durch ein Bild aus Mittenwalde auf uns gekommen ist, jenes eine Tafelbild des Albrecht Dürer in unser Bewußtsein, und auf ihm die Paulusfigur. Nietzsche, merkwürdigerweise Nietzsche hat die beiden Dürer'schen Apostelbilder so besonders geliebt; er sah in ihnen den Durchbruch in die – mittelalterliche Vorstellungen überwindende – weltgültige, weltverantwortliche, männliche Form des Christenstandes.

Und ungerufen stellt sich auch ein die Assoziation zu dem in eben dieser Zeit entstandenen, Rembrandt zugeschriebenen „Mann mit dem Goldhelm"; man denkt das Bild und hört sogleich die Strophe aus Gerhardts Abendlied: „ – stell euch die güldnen Waffen / ums Bett und seiner Engel Schar".

Paul Gerhardt: der Mann ist das Werk. Das soll heißen, daß wir uns bei ihm mit Biographischem kaum aufhalten müssen, daß es genug ist, zu wissen: daß hier ein Pfarrersleben, verdunkelt von den Schrecken und den Nachwirkungen des „Dreißigjährigen Krieges", wie ein beispielhaftes Menschenleben siebzig Jahre gewährt hat – von 1607 bis 1676.

Wir nennen den Geburtsort: Gräfenhainichen, den Sterbeort: Lübben im Spreewald, die beiden Dienstorte: Mittenwalde und Berlin. Diaconus an St. Nicolai zu Berlin, unter diesem Signet lebt er in der Geschichte.

Er hat die Poeterei in Wittenberg gelernt, wie man Latein lernt; und gutes Latein und die Tabakspfeife blieben bei ihm, lebenslang. Er hat sich verheiratet, war früh verwitwet, sehr einsam zuletzt, kein Mann des sichtbaren Erfolges; Vater von Kindern, von denen nur ein Sohn zu Jahren kam, und auch dessen Spur hat sich ganz verloren.

Nur dies. Und dann dies sogleich: daß die einhundertdreißig Lieder, die auf uns gekommen sind, auf eine fast einzigartige Weise die drei Jahrhunderte, die seit seinem Tag vergangen sind, überdauert haben.

Der Liedermann Paul Gerhardt hat die Schöpfung Gottes mit guten, jasagenden Augen gesehen: die Morgenfrühe und die Abendschatten, den Jahresbeginn und die Sommerhöhe; das Jahr der Kirche dann, das ist: Advent, Christtag, Passionszeit, Ostern und Pfingsten.

Er hat seine Zeit und alle Zeit als Gotteszeit verstanden, den dunklen wie den hellen Tag; die Anfechtung in Leibesnot und in Gewissensnot; die Nacht der Angst und die Nacht des Todes, und eine Stunde, da sich ausweglose Armut vor ihm aufzutun schien, war ihm gerade recht, um seinen Anti-Melancholikus anzustimmen: „Warum sollt ich mich denn grämen?"

Er kannte sich in der zeitgenössischen Literatur aus, im barocken Spiel auch, und zuweilen mochte er auch selbst ein wenig mitspielen, ein wenig nur; im Grundduktus aber war er ein ernster Mann; vielleicht ein wenig streng; nüchtern eher als überschwenglich. Ein Bürgersmann, der sein bäuerliches Erbgut geistig verwaltete. Schüchtern vielleicht, aber gewiß nicht zaghaft; und gar nicht zaghaft, wo es um das Glaubenszeugnis ging. Er war kein „Mann von Welt", aber einer, der mit dem Menschen, der am Zaun seines Pfarrhauses vorüberging, zu sprechen wußte. Mindestens im Geist, im Lied konnte er das. „Gib dich zufrieden": das ist ein Zwiesprache-Lied, das mit dem Zweifel, mit der Müdigkeit, mit der Mutlosigkeit wirklich zu sprechen weiß. In Kraft solcher Sorge wurde er wirklich etwas wie der wahre Seelsorger der Christenheit auf Erden, – und der ist er geblieben bis zum heutigen Tag.

Als er Pfarrer in St. Nicolai war, hatte er das große Glück, daß ein großer Tonsetzer, Johann Crüger, dort Organist und Kantor war, und daß ihm – nach Crügers Zeit – in Johann Georg Ebeling ein zweiter Meister so zur Seite stand, daß seine Lieder wirklich in Windeseile zwischen Königsberg und Konstanz unter die Leute kamen: oft wohl im Flugblatt, und das war ein glückseliger Flug. Und dann kam das neue Jahrhundert, das 18. Jahrhundert, Gerhardt war tot, aber in Weimar, Köthen und Leipzig gab es den

Arbeitstisch, an dem der cantor cantorum Johann Sebastian Bach seine Kantaten schrieb, das Weihnachtsoratorium und die Passionsmusik, und der hatte Kunstverstand und theologischen Sachverstand, differenzierenden Sinn genug, um zu merken, wer dieser Paul Gerhardt war.

Man vergegenwärtige sich des weiteren, daß es zwischen 1670 und unsrer Zeit kein evangelisches Alumnat gegeben hat, in dem eine Hausregel Morgen- und Abendandacht vorsah, wo nicht in sicherem Turnus diese Lieder wieder- und wiederkehren. Ich nenne Orte und Namen: Schulpforta also, Klopstock und Nietzsche; Lessing in Meißen, Hölderlin und Hegel im Tübinger Stift; ich denke an die Thomaner in Leipzig, an das Johanneum in Hamburg, an Mörike in Urach und Hermann Hesse in Maulbronn; den Paul Gerhardt haben alle gesungen; in der Stube der Frau Rat Goethe, in Schleiermachers Dreifaltigkeitskirche zu Berlin in Blumhardts Bad Boll.

Auch wir, Erbteil und Wirkung eines Werkes bedenkend, mögen uns vergegenwärtigen: wann ist es einem Dichterwort geglückt, jenseits von den Elementarbüchern – Schulbuch, Gesangbuch – unmittelbar im Leben präsent zu sein? Dem Volkslied ist das zuweilen geglückt; Goethe, Schiller, Mörike – wohl, wenngleich selten. Vielleicht Wilhelm Busch, vielleicht Johann Peter Hebel im Markgräfler Land. Aber auf dem Flüchtlingstreck vom Jahr 1945, dem aus Danzig oder aus Breslau, bedurfte es keines Buchs, damit in hundert Gedächtnissen eine Zeile lebte wie Gerhardts Zeile: „Hoff', o du arme Seele, hoff' und sei unverzagt."

Und wie nun wir? – Es kann nicht ausbleiben, daß wir, in einem anderen Sprachgebiet erzogen und nun beheimatet, zuweilen Mühe haben, den Gerhardt'schen Wortschatz, seinen Tonfall und sein Gedankengut unmittelbar aufzunehmen.

Seine Strophen lassen sich nicht auf Seidenblatt schreiben („Nicht mehr auf Seidenblatt schreib ich symmetrische Reime" heißt es in einem spätgoetheschen Verzicht), das Pergament eines alten Kirchenbuches taugte eher; am liebsten denke ich mirs in Holz geschnitzt, dies: „Kann doch selbst kein Tod uns töten" oder dies: „Der aber, der uns ewig liebt, macht gut, was wir verwirren."

Wir sollten uns die Mühe machen, einige der Gerhardt'schen Kardinaltexte Strophe für Strophe, Zeile für Zeile, ja Wort für Wort neu zu bedenken. Er macht es uns nicht leicht. Aber die Mühe lohnt sich.

Ich zähle in mir diese 15 Lieder:

Die güldne Sonne voll Freud und Wonne	*EG 449*
Nun ruhen alle Wälder	*EG 477*
Wie soll ich dich empfangen	*EG 11*
Fröhlich soll mein Herze springen	*EG 36*
Ich steh an deiner Krippen hier	*EG 37*
Kommt und laßt uns Christum ehren	*EG 39*
Auf, auf, mein Herz, mit Freuden	*EG 112*
Zeuch ein zu deinen Toren	*EG 133*
Nun danket all und bringet Ehr	*EG 322*
Ich singe dir mit Herz und Mund	*EG 324*
Ich hab in Gottes Herz und Sinn	— · —
Du bist ein Mensch	— · —
Befiehl du deine Wege	*EG 361*
Warum sollt ich mich denn grämen	*EG 370*
Ich bin ein Gast auf Erden	*EG 529*

EG = Evangelisches Gesangbuch (Stammteil).

Bedrängende Aktualität

Und da war ich auch schon in meinem Kriegslazarett in Znaim an der Theya, im Januar 1945, und hörte wieder den Bericht des amputierten Unteroffiziers. Er hatte in einem Lazarett im „Altreich", ich glaube in Berlin selbst, miterlebt, wie der Feldbischof Besuch machte. Dieser hatte eine Art Generalsrevers in Violett, und in seinem Gefolge dann auch, wie sich versteht, Stabs- und Oberstabsärzte. Die Gefahr, daß bei einer solchen Visite das Repräsentative in den Vordergrund rückt, war groß. Aber es kam ganz anders.

Der Feldbischof sah – ebenso wie ich, Wochen später, in dem Znaimer Lazarett das sah –, wie sich's unter der leichten Zudecke abzeichnete: der unverletzte linke Fuß und der kleine Stumpf, der nach der Oberschenkelamputation auf der rechten Seite noch übriggeblieben war. Der Bischof habe sich, so erzählte der Verwundete, ein wenig nach den Heimatumständen erkundigt, nach dem Zivilberuf, und dann, im Aufstehen schon, mit einer ganz leichten, unfeierlich-raschen, fast schüchtern-beiläufigen Bewegung Gerhardts Strophe „Befiehl du deine Wege" zitiert, nur die zweite Hälfte der ersten Strophe, nur dies: „– Der Wolken, Luft und Winden / gibt Wege, Lauf und Bahn, / der wird auch Wege finden, / da dein Fuß gehen kann." Der von Gerhardt so wenig wie vom Psalter akzentuierte Singular („Er wird deinen Fuß nicht gleiten lassen") – hier hatte er nun plötzlich eine bedrängende Aktualität bekommen. Das Ganze war, soll mans vom „Wesen des Gesprächs" her beurteilen, etwas wie ein „genialer Einfall"; es war aber freilich dann doch viel mehr. „Ich muß jeden Tag daran denken", sagte der Soldat.

Begegnung mit Tersteegen

Ich sehe das Kirchenlied vor mir wie eine große Landschaft der Schwäbischen Alb, ein weit gebreitetes Land mit drei aufragenden Gipfeln. Ich nenne sie die vox ecclesiae, die vox humana und die vox spiritualis.

Die vox ecclesiae: das ist Luther – der Katechismus, das Glaubensbekenntnis, spröde und streng, es ist die Gegenwart der uns wieder neu geschenkten Wartburg, „Ein feste Burg", angereichert durch die großen lutherischen Liebesaugenblicke, das Kinderlied „Vom Himmel hoch" oder das „Die beste Zeit im Jahr ist mein"; es sind die großen Einzelerscheinungen seines Jahrhunderts, die wir kennen, Martin Schalling mit seinem „Herzlich lieb hab ich dich", von dem wunderbaren Philipp Nicolai, der mit zwei Liedern sich in das Ewige Textbuch der Kirche eingeschrieben hat, mit Wort und Tat zugleich, „Wie schön leuchtet der Morgenstern" und mit „Wachet auf, ruft uns die Stimme".

Für den zweiten Gipfel, die vox humana, steht der eine Paul Gerhardt, mit dem die Christenheit seit dreihundertfünfzig Jahren ihr Kirchenjahr begeht, ihre Feste feiert, Weihnachten, Ostern, Pfingsten, ihren Erdentag in Freude und Leid, ihre Lebensjahre, ihre Abschiede, ihre Sommerzeit, ihren Tod.

Und nun also der dritte Gipfel; er könnte mehr als einen Namen tragen, die Brüdergemeine des Grafen Zinzendorf ist zu nennen, und mancher in seiner Nähe; aber ich beschränke mich auf die Stimme des Gerhard Tersteegen.

Dieser einfache Bandweber aus Moers, der in der ersten Hälfte des 18. Jahrhunderts gelebt hat, 1699 – 1768, also hundert Jahre nach Gerhardt, ist, was Leben und Werk betrifft, nur mit wenigen zarten Linien vorzustellen: er war ein gescheiter junger Mann aus einfachen Verhältnissen kommend, besuchte das Gymnasium seiner Heimatstadt, mußte sich ohne viel Glück in einer Kaufmannslehre versuchen, wurde Weber, genauer Bandweber, und führte ein asketisches, fleißiges Leben. Seine gründliche Bibelkenntnis, seine Teilnahme an den reformierten Gottesdiensten nahm man wahr, seine frühe Entschiedenheit, in aller Sammlung einfach „fromm" zu sein; in Christus verborgen zu sein.

Es gab am Gründonnerstag 1724 ein besonderes Datum in seinem sonst unauffälligen Leben. Er schrieb an diesem Tag ... mit dem eigenen Blut ... einen Brief der Lebensübergabe, in dem er sich mit allem Leben und Sein Jesus übergab. Die Geschichte kennt aus Pascals Leben das so berühmt gewordene Memorial, in dem einer sein Leben setzt in die Nachfolge – „nicht dem Gott der Philosophen, sondern dem Gott Abrahams, dem Vater Jesu Christi".

Von diesem Gründonnerstag her ist der ganze Tersteegen zu verstehen, wobei zwei Komponenten ganz wesentlich sind: die eine ist das absolute Herausgenommensein aus allen sonstigen Lebensverbindungen, weder Wirtschafts- noch Erwerbssinn, weder Ehe und Familie, Weltinteresse haben Bedeutung; das andere, – wichtig genug dies –: es ist diese völlige Konzentration des „Mache mich einfältig, innig abgeschieden", etwas ganz Unfanatisches, Unschwärmerisches, Unekstatisches ... „Wir entsagen willig allen Eitelkeiten ..."

Es fand sich, daß er, ohne in ein Amt zu kommen, ein Laienprediger wurde und sich in dieser Aufgabe ein Leben lang zu bewähren wußte. In Schwaben würde man ihn einen „Stundenbruder" geheißen haben.

Ich glaube, ihn vor mir zu sehen, obwohl wir kein Bild von ihm kennen, und auch dieser Verzicht auf das Bild – der reformierten Tradition getreu – ist wichtig. „Um einen Tersteegen von innen bittend“: leibarm gewiß und nicht geistreich, wohl aber seelenreich.

Er brachte große Gaben mit, verstand sich auf die Sprache der theologischen Bildung, auch auf das Hebräische, er hielt nicht viel von der Weltbildung der Scribenten, mit denen Gerhardt z.B. ganz heiter-gelöst Umgang haben konnte, – aber er war zugleich gründlich gebildet und nützte seine Gaben. Wir müssen ihn in zwei Bereichen ansiedeln: er war ein sehr gesuchter Laienprediger, zu dessen Bibelauslegungen in kleinen Wohnungen, etwa der eigenen, alles Volk drängte, und er war ein weithin wirkender Briefschreiber; vier, fünf Briefe, heißt es, habe er Tag für Tag zur Post gegeben, und die Adressaten konnten in Rußland, oder Amerika sein. Als 1812 russische Soldaten an den Niederrhein kamen, fragten sie: „Wo ist Tersteegens Grab?“

In Jahr und Tag widmete er seine Kraft der Beschreibung einer ganz individualistischen Kirchengeschichte, auserlesene Lebensbeschreibungen „heiliger Seelen“, erheiternderweise von vorwiegend katholischen Gläubigen … ich vermute, daß ihm die konfessionelle Distanz ausdrücklich lieb war.

Früh, er war 1729 gerade dreißig Jahre alt, erschien ein „Geistliches Blumengärtlein“, das im Gang des Lebens in immer neuen Auflagen und Bearbeitungen erscheinen konnte, Verse ohne Zahl, hundertfache Variationen auf den Ton jenes durch besondere Umstände berühmt gewordenen Liedes „Ich bete an die Macht der Liebe, die sich in Jesus offenbart“.

Die besonderen Umstände waren, daß gerade dieses Lied durch eine besonders gefühlvoll einprägsame Melodie in das militärische Zeremoniell des militärischen Zapfenstreichs Eingang fand und mit dem „Helm ab zum Gebet!“ bis in unsere Zeit hinein präsent geblieben ist, ein Tersteegen for ever, von dem der schlichte Mann nichts wußte.

Wer sich auf das „Blumengärtlein“ einläßt, macht eine Überraschung, über die sich in den letzten zweihundertfünfzig Jahren mit Recht unzählige Leser gewundert haben: man kann acht oder zehn Verse der Seelenkunde, der mystischen Versenkung der Seele, lesen, ohne besondere Bewegung ... Plötzlich liest man dies: „Ins Heiligtum, / ins Dunkle kehr' ich ein, / Herr, rede du, / laß mich ganz stille sein.“

Und liest: „Ein Tag, der sagt dem andern, / mein Leben sei ein Wandern / zur großen Ewigkeit.“

Und liest: „Du durchdringst alles; / laß dein schönstes Lichte, / Herr, berühren mein Gesichte.“

Und liest: „Kommt, Kinder, laßt uns gehen, / der Abend kommt herbei; / es ist gefährlich stehen in dieser Wüstenei.“

Und liest, und liest und schweigt und sinnt: „Was ist das?“

Aber das ist ja vollkommen schön, das ist ja ein vom Himmel gefallenes Gedicht ...

Trügen wir die Gesangbücher unserer Landeskirchen aus den letzten zwei Jahrhunderten, die evangelischen und die katholischen, zusammen, fänden wir uns in einer ganz einzigartigen Innigkeit vereint in der vox spiritualis von zehn, zwölf Tersteegenliedern; sie sind, was jedes große Gedicht ist, Wunder, wie vom Himmel gefallen, durch nichts und durch niemanden zu erklären, sie sind *da*, wie eben die Glücksaugenblicke in der Welt da sind.

Tersteegen hat, wenn ich es recht sehe, einen Vorgänger und einen eigenartigen Nachfahren, dazu einen Nachbarn aus einer verwandten Disziplin.

Der Vorgänger, ist jener Johann Scheffler, der unter dem Namen Angelus Silesius in die Welt gekommen ist, dessen Zweizeiler fast ebenso berühmt sind wie Tersteegens Lieder: „Freund, so du etwas bist, so bleib doch ja nicht stehn. / Man muß zu einem Licht fort in das andre gehn."

Das ist ein Jahrhundert vor Tersteegen geschrieben worden. Oder dies: „Mensch, werde wesentlich; denn wenn die Welt vergeht, / so fällt der Zufall weg, das Wesen, das besteht."

Der Nachfahr freilich ist ein merkwürdiger Bauer, der zwischen 1835 und 1918 in Schwaben gelebt hat; man hat ihn vor 100 Jahren entdeckt und dann wieder vergessen, und vor zwanzig Jahren wieder entdeckt und wird ihn wohl nun nicht wieder vergessen. Von dem Bauern Christian Wagner gibt es ein paar Versbände, die auch Blumengärtlein heißen könnten, und die viel dilettantische Versuche enthalten wie im Blumengärtlein Tersteegens; aber plötzlich findet man ein Gedicht über die Anemonen, die Karwoche oder über den „Blühenden Kirschbaum", Verse, die so schön sind, daß Eichendorff oder Goethe nur sagen könnten „Leider nicht von mir!". Christian Wagner war wie Tersteegen ein reiner Autodidakt.

Der Nachbar, von dem ich sprach, ist kein Poet, sondern ein Musikmeister; wenn in der 147. Kantate plötzlich alle barocke Herrlichkeit sich ausgesungen hat, beginnen zweimal einfältige Choralstrophen und die Melodiebegleitung hat eine unvergleichliche Einfalt, es ist wirklich der Tersteegenton, der nun vom Chor und von den Instrumenten gewagt wird; es ist die vox spiritualis höchster Observanz, und ihr Meister heißt Johann Sebastian Bach. „Jesus bleibet meine Freude" – man hört den Schlußchoral des herrlichen Werkes und weiß: Tersteegen sitzt auf der Bank neben uns.

In späteren Jahren wurde er, ohne mehr als ein ernsthaftes Allein-Studium einzubringen etwas wie ein geschätzter, gesuchter Armenarzt; er tat nichts ganz Besonderes, aber er tat das ihm Gebotene, kundig und mit wirklichem Gewinn für seine Umwelt ... Liebe ich ihn – und ich liebe ihn! –, so lieb ich in ihm einen, der Jesu Gegenwart in der Welt – ganz ohne Pathos, ganz ohne Dogmatik – wahr sein ließ. Der Mystiker schließt betend, meditierend die Augen; aber er ist nicht blind. Er glaubt. Er ist da. „Wer glaubt, der fliehet nicht", steht bei Jesaja. Das ist – ohne Bild, ohne Lebensgeschichte – Tersteegens Biographie.

Das Wunder des Gedichts: ich versuche, durch eine Tersteegen-Strophe deutlich zu machen, daß es inkommensurabel ist, unerfindlich, unwirklich.

Es sind acht Zeilen, die zweite Strophe eines Gedichts, das Tersteegen „Andacht bei nächtlichem Wachen" genannt hat und das, seit es in der Welt ist, viele tausend Menschen in den Schlaf begleitet hat:

„Nun schläfet man;
und wer nicht schlafen kann,
der bete mit mir an
den großen Namen,

dem Tag und Nacht
wird von der Himmelswacht
Preis, Lob und Ehr gebracht:
o Jesu, Amen.

Weg, Phantasie!
Mein Herr und Gott ist hie;
du schläfst, mein Wächter, nie,
dir will ich wachen.
Ich liebe dich,
ich geb zum Opfer mich
und lasse ewiglich
dich mit mir machen.

Es leuchte dir
der Himmelslichter Zier;
ich sei dein Sternlein, hier
und dort zu funkeln.
Nun kehr ich ein,
Herr, rede du allein
beim tiefsten Stillesein
zu mir im Dunkeln."

Ich glaube, ihn zu sehen: auf seiner Liege in Moers, von den hundert Briefen des Tages bedrängt, aber doch in seinem Credo, das heißt in Jesus geborgen.

Nun murmelt er drei Reimzeilen, wie sie auch ein Scholar erfinden könnte, wirklich nichts Besonderes: aber bei dem „Weg, Phantasie!" wird doch eine Gefahrwelt verscheucht und eine Geborgenheitswelt wird nahegebracht. „Mein Herr und Gott ist hie".

Und dann sind sie beisammen, wachend beide: „du schläfst, mein Wächter, nie / dir will ich wachen".

Und mit dem weiblichen Reim „wachen“ wird eine kleine Tür aufgehen, und die steht noch offen bis zur achten Zeile. Es ist wie Atemanhalten und Ausatmen, wie Zögern und Befreien: „und lasse ewiglich / dich mit mir machen“.

Tersteegen dachte nicht an die Dichtkunst. Gerhardt hatte einst in den Universitäten die Dichtkunst gelernt, und die Dichter des evangelischen Kirchenlieds haben ihr Metier verstanden.

Mich hat, spät im eigenen Leben, dieser eine Tersteegen durch viele Wochen nicht losgelassen: ich seh ihn nicht, aber ich glaube, ihn zu verstehen.

Er sah sich und seine Kunst nicht an. Er wird, ohne viel Aufhebens zu machen, das Blatt, auf dem diese „Andacht bei nächtlichem Wachen“ stand, zu anderen Blättern gelegt haben, und manches an diesen Liedern ist zeitgebundenes Wort und darum vergangen mit der Zeit. Aber diese Strophe, das ganze Lied zählen wir, ohne einen Augenblick zu zögern, zu den großen Gedichten unserer Sprache. Es atmet vollendete Unschuld, so wurde ihm die Unschuld der Vollendung zuteil.

Das Osterlied mitten in Angst

In den Straßen von Amsterdam – so wird uns aus den Jahren nach 1940 berichtet – sei da und dort plötzlich das Wilhelmuslied angestimmt worden; einer stimmte an, und sogleich war er nicht mehr allein. Gesungen wurde, nicht um des „Prinzen von Oranien" zu gedenken, sondern um es für hier und heute wahr sein zu lassen, was gestern geglaubt wurde: „Mein Schild und mein Vertrauen / Bist du, o Gott, mein Herr."

Aber freilich: du kannst noch immer sagen: was ist das mir? Ich bin nicht Paul Gerhardt, nicht Martin Rinckart, nicht Wilhelmus von Nassauen. Und es ist wahr: nur sehr von ferne können wir füreinander Vertrauen austeilen, wie man das Brot austeilt. Aber wenn wir sagen: wir sind in die Geschichte Gottes hineingewoben, dann sagen wir damit ja auch dieses eine: Jesus Christus, Gottes Mensch für den Menschen, nimmt uns auf seine Straße mit. Es ist die Straße, auf der die Angst so ganz ihren Platz hat. „In der Welt habt ihr Angst" – das ist sein Wort. Aber es ist die Straße, auf der diese Stimme nicht endet an dieser Stelle. Nein, sie vollendet den Satz: „Aber seid getrost, ich habe die Welt überwunden."

Welt ist – und wir sind Welt und sind in der Welt. Aber wir sind zugleich auch die Erworbenen und die Gewonnenen schon, die Brüder des Sohnes, der sich nicht schämt, uns Brüder zu heißen, die zum Leben gerufenen Brüder. „Ich lebe – und ihr werdet auch leben." Das ist von Ostern gesagt. Von jenem ersten, in dem der Karfreitag zu Ende ging; von dem letzten, dem wir entgegenglauben. Und des zum Zeugnis wollen wir mitten in der Angst das Osterlied singen.

Bach und Mozart

Was mochte die Bürger von Weimar, die mit sich und der Welt als der „besten aller Welten" zufrieden im Gottesdienst saßen – am 16. Sonntag nach Trinitatis im Jahre 1715 – was mochte sie anwandeln, wenn sie von der Orgelempore herab ein Gewoge der Flöten empfingen und mit eins die Worte vernahmen, die nun die Altstimme zu singen anhebt: „Komm, du süße Todesstunde / da mein Geist / Honig speist / aus des Löwen Munde", und dann: „so schlage doch / du letzter Stundenschlag!", und dies begleitet von einer Musik der innigen Freude. Was denkt sich denn der Kantor Johann Sebastian Bach? Ja, was denkt er sich? Er denkt – mitten im Leben – an seinen Tod. Und er denkt – lebensstarke Natur, die er war, und erst recht: glaubensstarke Seele, die in ihm wohnte – daran nicht als einer, den dieser Gedanke schreckt. „Komm, süßer Tod!" Und wieder: „Ich freue mich auf meinen Tod!" Und: „Schlage doch, gewünschte Stunde!" Wie aber dies zu verstehen sei, das wird der inne, der auf die Zusammenhänge achtet. Man gehe dem „Actus tragicus" nach, der Kantate „Gottes Zeit ist die allerbeste Zeit", die gewiß zu den tiefsten Zeugnissen Bachs gehört. Da ist noch immer der Schrecken des Todes, der Psalmton heiligen Ernstes: „Herr, lehre uns bedenken, daß wir sterben müssen", und die Stimme des Propheten: „Bestelle dein Haus!", noch immer das Fugenthema der Notwendigkeit: „ Es ist der alte Bund: Mensch, du mußt sterben"; aber wenn nun doch über den dunklen Quadern der Jubel anhebt, dann deshalb, weil die Stimmen zu rufen wissen: „Ja, komm, Herr Jesu, komm." Darum der große Friede: „In deine Hände befehl ich meinen Geist“ – darum die Freude im Abschied, weil der andere Ruf schon da ist: „Heute, heute wirst du mit mir im Paradiese sein“ – darum endlich: „Der Tod ist mein Schlaf geworden.“ Musik dieser Art war es, an die Zelter dachte, da er an Goethe schrieb, es werde sich ein Hörer wie Goethe dabei wissen als wie „im Mittelpunkt der Welt“.

Das ist dort, wo die größten Gegensätze aufgehoben sind und die Waage im Gleichgewicht ruht. Da ist der Tod mitten im Leben, und das Leben mitten im Tode.

Die Botschaft Johann Sebastian Bachs zu Tod und Abschied ist auf lange Zeit das letzte Wort, das die ganze Fülle der Erfahrung, der Ahnung und der Zuversicht umfaßt. In seine Nähe zu rücken wäre eine einzige Stimme, Stimme der Musik auch sie, die Stimme des Mannes, der in einem Brief schreiben mochte vom Tod, er sei „die Summe und der wahre Endzweck des Lebens“, in dessen Musik diese Erkenntnis ganz und gar eingedrungen ist, ohne ihr auch nur für einen Augenblick ihre Süßigkeit, ihre Zärtlichkeit, ihre Schönheit zu rauben, die Stimme des Mannes Wolfgang Amadeus Mozart.

Österlicher Friedhof

Keiner Stunde Verkündung
Wagt zu sagen: ich bin,
Sind doch im Garten der Gräber
Abend und Morgen dahin.

Kaum die Jahre bedürfen,
Daß man ihr Wandeln benennt,
Keiner der Schläfer da unten
Sommer und Winter erkennt.

Blumen nur bringen beständig
Leiseste Botschaft ans Licht –
Bis die Posaune des Engels
Stille und Sterben zerbricht.

Zu diesem Buch

Es ist siebzig Jahre her, daß mir eine Gedichtzeile, die letzte Zeile aus Rilkes achter Elegie, so ins Herz fiel und sich so in mir festigte, daß ich auf hundert Wegen von ihr umgeben war; vor schwarz geränderten Karten und an so vielen Türen: „So leben wir und nehmen immer Abschied." Ihre fast heilige Einfalt „so leben wir" und ihr strenger cantus-firmus-Ernst „immer" bestimmte die eigenen Gedankenwege. Nun hat mein Freund Oliver Kohler einiges von dem, was auf diesen Gedankenwegen entstanden war, Prosa und Verse, mir zurückgebracht in meine Stube, in meinen Stand, in meine Stunde. Was dabei zustande kam, sollte nicht der unartikulierte Seufzer sein, auch nicht das, was in einer abgründig schönen Strophe Gottfried Benns genannt wird „das Selbstgespräch des Leides und der Nacht".
Es wollte Wort sein, unterwegs, umgreifend und gestaltend, in der Wortpause wach verzichtend und unvergrämt, fragemutig und antwortbereit, Geflecht aus Hoffnung und Zweifel. Zuletzt ein Stationenweg, Wimpel und Bildstock, Höhen erreichend, Umwege nicht scheuend, Stimme, die ruft, und Ohr, das sich finden läßt, Gespräch aller Seelen.

Stuttgart-Rohr
am Allerseelentag 1996 *Albrecht Goes*

Nachweise

Die Auswahl der Texte stützt sich auf folgende Werke
von Albrecht Goes:

Verse, Gedichte, Stuttgart 1932.
Der Hirte, Gedichte, Berlin – Leipzig – München 1934.
Über das Gespräch, Berlin 1938.
Der Nachbar, Gedichte, Berlin 1940.
Die Herberge, Gedichte, Berlin 1947.
Da rang ein Mann mit ihm, München 1947.
Krankenvisite, Hamburg 1953.
Unsre letzte Stunde, Hamburg 1953.
Was wird morgen sein?, in: Ruf und Echo, Aufzeichnungen 1951-1955, Frankfurt am Main 1956.
Goethes Mutter, Frankfurt am Main 1958.
Hagar am Brunnen, Dreißig Predigten, Frankfurt am Main 1958.
Wagnis der Versöhnung, Leipzig 1959.
Über das Gespräch, Hamburg 1961.
Tote begraben, in: Die Werke der Barmherzigkeit, hrsg. von Wilhelm Sandfuchs, Freiburg – Basel – Wien 1962.
Gehe, leide, warte, Drei Geschenke aus Israel, Hamburg 1962.
Die andere Antwort / Der Anfänger, in: Waldemar Augustiny, Alle unsre Tage, Hamburg 1963.
Im Weitergehen, Hamburg 1965.
Kanzelholz, Dreißig Predigten, Hamburg 1971.
Ein Winter mit Paul Gerhardt, Neukirchen-Vluyn 1976.
Lebenserfahrungen, in: Noch und schon, Stuttgart 1983.
Jahre / Tage / Augenblicke, Ein Gespräch mit Hans-Rüdiger Schwab, Frankfurt am Main 1986.

Halb im Abschied (S. 113-117) drucken wir ab mit freundlicher Genehmigung der Fischer Taschenbuch Verlag GmbH, aus: *Vierfalt,* Wagnis und Erfahrung, Frankfurt am Main 1993.
Die beiden Zitate auf den Umschlagklappen stammen aus einem Gespräch, abgedruckt in: Rheinischer Merkur, 23.12.1994.

Erstmals veröffentlicht werden hier:
Drei Fieber (S.10-13), entstanden 1996.
Paul Gerhardt (S. 124-128), entstanden 1992.
Begegnung mit Tersteegen (S. 130-137), entstanden 1995.